당신은 지금 어떤 삶을 설계하고 있습니까

계약이 아닌 관계로, 상품이 아닌 마음으로 신뢰를 설계하는 사람들

11인 보험전문가 이야기

ⓒ 이시은 외 10인, 2025

초판 1쇄 인쇄 2025년 10월 25일
초판 1쇄 발행 2025년 11월 10일
작가 **이시은, 조유나, 최정관, 한지호, 류재민, 이현정빈, 류광선, 임지효, 이경희, 김수빈, 박미선**

출판사 **재노북스**

기획편집 및 교정교열 **윤서아**
내지디자인 **윤서아, 김선화**   표지디자인 **오션**
도서 콘텐츠 마케팅 및 해외출간 **이시은, 임지수, 김민지**
작가컨설팅 **윤서아**

출판등록 2022년 4월 6일 제2023-000076호

주소 서울특별시 금천구 가산디지털1로 205-27 에이원빌딩 705호
대표전화 0507-1381-0245   팩스 050-4095-0245
이메일 dasolthebest@naver.com
홈페이지 https://zenobooks.co.kr/
블로그 https://blog.naver.com/zeno_books

ISBN 979-11-94868-26-2 (13320) 26,000원

· 이 책은 저작권법에 의하여 보호를 받는 저작물이므로 무단 전재와 복제를 금합니다.
· 재노북스는 독자 여러분의 책에 관한 아이디어와 원고 투고를 기다리고 있습니다.
· 책 출간을 원하는 아이디어가 있으신 분은 재노북스 홈페이지 '원고투고'란으로 개요와
  연락처 등을 보내주세요.

실적보다는 고객의 신뢰와 지속 가능한
관계를 더 소중히 여긴
열한 명의 설계사들이
스스로의 내면을 정직하게 펼쳐낸
"진솔한 고백이자 현장의 기록"을 담았습니다.

프롤로그

"우리는 모두 어쩌다, 인생설계사가 되었다."

처음부터 이 길을 택한 사람은 없었다.

누군가는 다른 꿈을 꾸고 있었고, 누군가는 전혀 다른 직업에서 하루하루를 보내고 있었다. 어떤 이는 "보험? 절대 안 해"라며 단호히 선을 그었던 바로 그 사람이기도 했다.

하지만 인생은 예고 없이 우리를 낯선 갈림길에 세운다. 그리고 어느 날, 우리는 '영업'이라는 낯선 문 앞에 서 있는 자신을 발견한다.

그 문턱을 넘는 것은 쉽지 않았다. 남들 앞에서 당당히 말하기 어려운 현실이 있었고, 무너진 자존심을 추스르는 시간이 필요했다. '사람을 돕는다'는 숭고한 이상과 '실적을 올려야 한다'는 냉혹한 현실 사이에서, 우리는 수없이 흔들렸다.

그러나 그 모든 혼란과 좌절을 지나며, 우리는 비로소 '사람'이라는 존재를 다시 보기 시작했다.

처음 만난 고객 앞에서 떨리는 마음으로 건넨 명함을 기억한다. 서툰 설명에 고개를 저으며 돌아서는 사람들을 보며 느꼈던 참담함도, 밤늦게 혼자 앉아 '내가 과연 이 일을 할 수 있을까' 자문했던 순간들도 생생하다.

누구는 첫 계약을 성사시키기까지 석 달이 걸렸고, 누구는 백 번의 거절을 당

프롤로그

한 후에야 비로소 한 건을 따낼 수 있었다. 가족들이 "언제까지 그 일 할 거냐"고 걱정스러운 눈빛으로 바라보던 시절, 우리는 스스로에게도 확신이 없었다.

하지만 그 과정에서 우리는 조금씩 변화하고 있었다. 고객의 이야기에 귀 기울이는 법을 배웠고, 숫자 뒤에 숨겨진 삶의 무게를 이해하기 시작했다. 보험이라는 상품이 아니라, 그 사람의 불안과 희망을 읽는 눈을 갖게 되었다.

진짜 변화는 예상치 못한 순간에 찾아왔다.

어떤 설계사는 고객의 갑작스러운 사고 소식을 듣고 병원으로 달려가며 보험의 진정한 의미를 깨달았다. 또 다른 설계사는 "당신 덕분에 우리 가족이 살았다"는 고객의 눈물 어린 감사 인사를 받으며, 이 일이 단순한 영업이 아니라는 것을 알게 되었다.

20대 초반에 이 일을 시작한 설계사는 고객들이 자신을 딸처럼 아껴주는 마음에서 일의 보람을 찾았고, 중년에 새롭게 도전한 설계사는 인생 경험이 곧 전문성이 될 수 있다는 것을 증명했다. 시골에서 시작해 강남까지 올라온 설계사는 "열정만 있으면 불가능한 일은 없다"는 것을 몸소 보여주었다.

우리는 각자 다른 출발점에서 시작했지만, 결국 같은 곳을 바라보고 있었다. 고객의 진짜 필요를 찾아내고, 그들의 삶에 실질적인 도움이 되고 싶다는 마음 말이다.

프롤로그

이 책은 그렇게 각자의 사연을 품고 시작된 열한 명의 설계사 이야기다.

빈손으로 시작해 일어선 이가 있고, 고객의 마지막 순간을 지키며 보험의 진정한 의미를 깨달은 이가 있다. 가족보다 따뜻했던 고객의 마음에서 힘을 얻은 이도 있고, 시골에서 강남까지 달려온 열정의 이야기도 있다.

변액보험 전문가로 성장한 이의 20년 여정이 있고, 교육자에서 보험 전문가로 변신한 이의 각성 스토리도 있다. 심리학을 바탕으로 고객의 마음을 읽는 설계사의 철학도, 보상 전문가로서 고객의 권리를 지켜온 이의 신념도 담겨 있다.

이들의 공통점은 단 하나다. 처음에는 '계약'을 위해 일했지만, 어느 순간부터는 '사람'을 위해 일하고 있다는 것이다.

우리는 더 이상 단순히 '보험을 판매하는 사람'이 아니다. 누군가의 오늘과 내일을 함께 그려가는 인생설계사이자, 한 사람의 마음을 끝까지 지켜내고 싶은 동반자다.

세상은 여전히 '영업'이라는 단어에 편견을 갖고 있다. 그러나 우리는 안다. 진짜 영업은 설득이 아니라 경청이고, 판매가 아니라 해결이며, 실적이 아니라 신뢰라는 것을.

프롤로그

고객이 "당신이 있어서 안심이 된다"고 말할 때, 우리는 비로소 이 일의 진정한 가치를 느낀다. 그 순간 우리는 영업사원이 아니라 인생의 동반자가 되고, 상품을 파는 사람이 아니라 삶을 설계하는 전문가가 된다.

계약서보다 관계를 먼저 생각한 사람들. 넘어져도 다시 일어선 불굴의 영업 인생. "절대 하지 않겠다"던 그 일을, 이제는 천직으로 여기며 걸어가는 사람들.

이들의 진솔한 고백이 이 책을 읽는 당신에게 작은 용기와 따뜻한 위로가 되기를 바란다. 그리고 혹시 당신도 지금 누군가를 위해, 누군가의 내일을 위해 고민하고 있다면, 이 이야기들이 작은 힘이 되어주기를 소망한다.

"혹시 당신도 지금, 누군가의 인생을 설계하고 있지 않나요?"

여의도 한강공원에서 윤서아 편집장

추천사

1. 조대수 | 대수굿TV 운영자, 전) 삼성화재 단장

고객의 숫자보다 마음을 먼저 읽는 설계사들. 이 책은 금융현장의 진심을 보여줍니다. 고객을 향한 섬세한 공감, 실패를 딛고 다시 시작한 용기. 재무설계는 결국 사람이 하는 일이라는, 가장 기본이지만 가장 중요한 사실을 다시 떠올리게 합니다.

2. 윤영애 | KB라이프파트너스 LP , 전) 신도림 새마을금고 지점장

보험영업, 누구나 시작은 낯설고 두렵습니다. 하지만 이 책 속 이야기는 그 모든 두려움을 껴안고 성장한 사람들의 기록입니다. 진심이 결국 고객을 움직인다는 것을, 말이 아닌 삶으로 증명한 설계사들의 고백이 담겨 있습니다.

3. 이지혜 | KB손해보험 설계사

지금 이 시대에 필요한 건 '팔기 위한 영업'이 아니라 '삶을 설계하는 동반자'입니다. 이 책은 연금, 보험, 재무설계를 넘어 '신뢰의 구조'를 어떻게 만드는지 보여주는 현실적인 지도입니다. 후배 설계사들에게 꼭 권하고 싶은 책입니다.

추천사

4. 오수진 | 금융교육 전문가

영업이라는 단어에 숨이 막혔던 사람들에게, 이 책은 따뜻한 해답이 됩니다. 실패와 눈물, 그리고 성장의 순간이 정직하게 담겨 있어 더 깊은 울림이 있습니다. 결국 사람을 위한 영업, 관계의 기술이 무엇인지 가르쳐줍니다.

5. 박정호 | 창업 재무코치

'영업=강요'라는 고정관념을 깨는 책. 고객을 향한 공감과 질문이 얼마나 강력한 무기인지, 이 책을 통해 여실히 느꼈습니다. 지금 이 순간도 현장에서 고객과 마주하고 있을 수많은 설계사들에게 큰 격려가 되어줄 것입니다.

6. 최은혜 | 금융브랜딩 컨설턴트

금융, 영업, 브랜딩. 이 세 가지 키워드를 진심으로 연결한 책입니다. 숫자보다 사람을, 실적보다 관계를 먼저 택한 10인의 이야기는 금융업의 본질을 다시 묻습니다. '당신은 어떤 영업을 하고 있나요?'라는 질문을 남깁니다.

목차

프롤로그 4
추천사 8

이시은, 든든한 연금보험파트너, 신뢰를 설계하다

1. 다시, 내 이름으로 시작하는 일 18
2. 내 가족처럼, 진심으로 설계합니다 22
3. 연금은 곧, 삶의 흐름을 지키는 일 25
4. 강의실에서 만난 고객의 얼굴들 27
5. 보험, 부동산, 연금… 결국은 '사람'입니다 30

조유나, 개척여신, 고객님의 인생설계사

1. 나를 발견하는 시간: 내 인생 설계의 시작 38
2. 개척정신으로 무장하기: 실패를 두려워하지 않는 마음가짐 40
3. 고객과의 신뢰 쌓기: 진심으로 다가가는 소통법 41
4. 맞춤형 인생설계 전략: 고객별 니즈 분석과 솔루션 제안 42
5. 효과적인 개척영업 기법: 나만의 영업 네트워크 만들기 44
6. 시간관리와 자기관리: 꾸준한 성장을 위한 습관 만들기 45
7. 멘탈 관리와 스트레스 극복: 흔들리지 않는 마음 다지기 46
8. 나만의 브랜드 만들기: 개척여신 조유나, 나를 알리기 48

최정관, 보험, 진심이 사람을 향할 때 완성된다.

1. 진심은, 다시 시작하게 만든다 54
2. 나는 신입이었고, 그래서 더 절실했다 56
3. "가르침"이 아니라 "삶"을 나눈다 58
4. 고수들의 세계에 들어서다 60
5. 보험, 결국 보상으로 완성된다 61
6. 선한 영향력은 나눌수록 커진다 62
7. 오늘보다 더 큰 내일을 설계하는 사람 63

목차

한지호, 숨은 보험금을 찾는 사람 보상 전문가의 차별화된 길

1. 영업의 점점을 찾아 떠난 여정   71
2. 아무도 가지 않은 길, 보상에서 길을 찾다   73
3. 고객의 권리를 끝까지 찾아주는 사람   75
4. 신뢰는 관계로 남는다   77
5. 보험, 숫자가 아니라 사람입니다   78

류재민, 성공은 매력적인 사람이 됨으로써 이룰 수 있다
인구 2만 7천 명 시골에서 강남까지

1. 걸어야 승부가 난다   87
2. 나에게 있어 귀중한 의인들과 영업노하우   91
3. 영업의 시너지효과   94
4. 조직에 인생을 걸다   95
5. 성장확대와 조직흡수 기회   97

이현정빈, 소일거리에서 시작된 인생변액 전문가의 20년 여정

1. 소일거리를 찾아 나선 길: 육아맘의 첫 도전   105
2. 앙케이트 한 장의 힘: 개척영업의 첫걸음   106
3. 모르는 채로 받은 신인상: 성장의 첫 신호   107
4. SK생명에서 미래에셋으로: 변화 속에서 찾은 기회   108
5. 변액의 진실: 편견을 깨고 전문성을 쌓다   108
6. 전문성이 만든 신뢰: 한 건 한 건 소중히   109
7. 고객은 믿음이고 신뢰: 20년을 지켜온 철학   110
8. 앞으로도 고객의 편에서: 변하지 않을 다짐   111

목차

류광선, 혼돈에서 질서로, 심리로 설계하고 지키는 재정

  1. 당신의 하루는 어떻게 흘러가나요?   116
  2. 두 번의 경고, 한 번의 결심   118
  3. 고객의 선택권을 설계하다   121
  4. 심리로 설계하는 포트폴리오   122

임지효, 가장 힘들 때 꺼내보는 약속

  1. 보험을 시작하다   131
  2. 사람을 만나다   131
  3. 마음이 닿다   132
  4. 지키는 사람이 되고 싶었다   133
  5. 거절을 견디는 힘   134
  6. 보험, 삶을 바꾸다   135
  7. 나를 키운 고객들   136
  8. 오늘도 누군가의 내일을 위해   137

이경희, 둥이맘에서 인생 설계사로 이경희의 두 번째 도전

  1. '쌍둥이 엄마'라는 이름 속에 묻힌 나   142
  2. 경력 단절녀, 다시 세상과 연결되다   143
  3. 첫 거절, 그리고 내 상담의 방향이 바뀌다   144
  4. 고객의 불안을 이해하는 설계사   145
  5. 보험은 상품이 아니라 인생을 설계하는 일   146

목차

김수빈, 20살, 권유로 시작해서 진심으로 이어진 길

1. 20살, 선택 아닌 권유로 시작된 길　　　　　　　152
2. 보험, 내가 진심을 다하게 된 이유　　　　　　　153
3. 가입보다 중요한 건 '보장의 순간'　　　　　　　155
4. 고객 중심 설계, 흔들리지 않는 기준　　　　　　157
5. 20대 보험설계사로 산다는 것　　　　　　　　　159

박미선, 약관을 읽지 않으면 보험이 아니다 아픔으로 배운 진짜 보장의 의미

1. 보험에 대한 첫 번째 깨달음 - 가족의 비극　　　166
2. 약관을 모르면 보험이 아니다　　　　　　　　　167
3. 경쟁에서 협력으로, 새로운 길을 찾다　　　　　 168
4. 어머니의 병과 함께 배운 것들　　　　　　　　　169
5. 진짜 보장을 설계하는 사람이 되기까지　　　　　171

이메일 : dasolthebest@naver.com
연락처 : 010-4444-0245

● 주요 활동
현) 한국미디어창업뉴스 대표
20~25 재노스쿨 자산관리·4대연금 전문과정 대표
　　강사
2022 신한라이프 강남본부 고소득층 대상 자산관
　　리 및 재테크 강의
2022 KB손해보험 사업단별 부동산 입지분석 및
　　내집마련 전략 강의
2023 클래스101 '부동산 빅데이터 활용 소액투자'
　　강의

이시은

든든한 연금보험파트너, 신뢰를 설계하다

1. **다시, 내 이름으로 시작하는 일**
   '연금보험'이 아니라, '나'를 설계하기 시작했다
   은퇴는 끝이 아니라 두 번째 인생의 첫 문장

2. **내 가족처럼, 진심으로 설계합니다**
   설계서보다 중요한 건, 고객의 마음
   계약은 숫자가 아니라 신뢰로 맺는 약속

3. **연금은 곧, 삶의 흐름을 지키는 일**
   노후의 불안 대신 '예측 가능한 삶'을 드립니다
   소득의 끊김 없이 이어지는 삶의 설계

4. **강의실에서 만난 고객의 얼굴들**
   공무원, 고소득자, 신중년… 다른 배경, 같은 고민
   내가 전하는 건 정보가 아니라 방향입니다

5. **보험, 부동산, 연금… 결국은 '사람'입니다**
   재테크도 관계에서 시작됩니다
   '든든함'을 남기는 사람이 되고 싶습니다

이시은

"든든한 연금보험파트너이자, 성장매니저"

은퇴 후 인생을 다시 설계하고 싶은 이들에게는 '연금 파트너'로, 설계사들에게는 브랜딩과 고수익 전략을 안내하는 '성장 매니저'로 활동 중이다. 연금, 부동산, 재테크, 절세, 보험을 아우르는 입체적인 자산관리 서비스를 제공하고 있다. 동시에 설계사를 대상으로 브랜딩 글쓰기 코칭과 1:1 컨설팅을 통해 보험업계 전반의 성장매니저로 활동 중이다.

'윤서아'라는 작가명으로 자기계발과 AI활용 보험영업 분야의 저서집필도 병행 중이다. 연금 전문가이자 콘텐츠 크리에이터로서 영역을 확장해가고 있으며, 한국미디어창업뉴스 대표로 활동하고 있다.

출간저서로는 『따라하면 완성되는 사업계획서 작성법』, 『보험설계사를 위한 SNS 콘텐츠 마케팅 완벽가이드』, 『보험설계사들을 위한 AI활용 전략집』, 『경제적 자유를 위한 7단계 배당 투자전략』, 『왕초보도 7일 만에 완성하는 동화작가 - 챗GPT로 쓰고 미드저니로 그리고 캔바로 완성하기』, 『인공지능 콘텐츠 트렌드』, 『광고하지 말고 언론하라』, 『여성 창업시대 리더가 된 여자들』, 『나도 AI로 돈 벌어볼까?』, 『퇴근 후 온라인 강사가 된 홍대리』 외 다수

든든한 연금보험파트너, 신뢰를 설계하다.

누군가는 연금이라는 단어에 숫자부터 떠올리지만, 이시은에게 연금은 '삶의 설계서'였다. 4대연금 강의를 시작으로 은퇴를 앞둔 고객들의 삶을 하나하나 짚어보았고, 그 흐름 속에서 개인연금의 필요성과 방향을 설계해주었다. 그러다 어느 날, 고액연봉자들의 부동산 투자 강의 무대에 섰다. 그곳에서도 결국 중요한 건 '절세'와 '유지 가능한 삶'이었다.

소상공인, 법인 고객을 위한 맞춤 절세 상품을 연구하고, 상황에 맞는 전략을 제안하는 일이 곧 이시은의 일상이 되었다.

이제 그녀는 고객뿐 아니라 동료 설계사들을 위한 '브랜딩 글쓰기' 코치로, '고수익 컨설팅'과 '리쿠르팅 전문가'로도 활동 중이다. 단순한 보험을 넘어, 진짜 설계를 전하는 사람. 그래서 이시은은 오늘도 말한다. "고객의 인생을 설계하기 전, 설계사의 삶부터 단단해야 합니다."

1. 다시, 내 이름으로 시작하는 일

연금보험이 아니라, 나를 설계하기 시작했다

2020년 여름, 오랜 시간 지켜온 교실을 떠났다. 스무 해 넘게 이어온 교사라는 직함. 수백 명의 아이들과, 수천 장의 생활기록부. 그 모든 익숙함을 내려놓고 강남 교보문고 뒤편, 조용한 골목에 작은 사무실 하나를 얻었다.

간판도 없이 시작된 공간. 낮에는 부동산 강의와 주식 이야기로 채워졌고, 밤에는 자산 컨설팅을 정리하는 손길이 이어졌다. 탁자 하나, 접이식 의자 몇 개, 책장 위엔 보던 책과 노트 몇 권. 그 작은 방 안에서, 새로운 시간을 살아가는 연습이 시작되었다.

부동산 상담을 하던 고객들이 "보험도 좀 봐줄 수 있나요?" 자주 그렇게 물었다. 내 보험을 어떤 기준으로 설계했는지 메모했던 자료를 찾아 그들의 설계를 함께 들여다보았다.

직접 계약은 할 수 없었지만 "이 설계라면 이런 구조가 낫겠어요" 하고 방향을 잡아줄 순 있었다.

그건 어쩌면, 자산이 아니라 사람을 들여다보는 시간이기도 했다.

그러다 후배가 말했다.

"언니, 이 일 직접 하시면 좋겠어요. 다 하고 계시잖아요."

그 말이 등을 살짝 밀었다. 2021년 봄, 보험설계사로 등록했다. GA라는 조직도, 보험업계도 낯설었지만 한 사람의 인생을 함께 설계하는 일이란 걸 조금씩 알아가기 시작했다.

지점장의 도움을 받아 맺은 첫 계약, 혼자서는 아직 버거웠던 상품 구조. 그래도 포기하지는 않았다.

가끔은 회의가 밀려왔다. '내가 진짜 설계사라고 할 수 있을까?' 출판과 강의, 다른 일들 사이에서 보험은 늘 '간헐적'이었다.

그러던 중, 사람들이 다시 찾아왔다. 보험, 연금, 펀드, ETF, 주택, 노후. 서로 다른 단어 같지만 그들이 원한 건 하나였다. 모든 것을 **하나로 설계해줄 수 있는 사람.** 그때 느꼈다. 지금 필요한 건 상품이 아니라 **삶의 흐름을 그려주는 설계자**라는 것을. 그 자리에, 이만큼 적합한 사람이 또 있을까.

이젠 그렇게 생각한다.

연금보험은 상품이 아니었다. 삶을 다시 이어가고 싶은 사람들의 두 번째 인생을 위한, 가장 현실적인 언어였다. 지금은, 그 언어를 함께 말해줄 수 있는 사람이 되었다.

은퇴는 끝이 아니라 두 번째 인생의 첫 문장

명예퇴직. 그 말 안에는 묘한 감정이 들어 있었다. '명예'와 '퇴직'이 한 자리에 있다는 건 누군가의 인생에서 하나의 챕터가 마무리되었다는 뜻일지도 모른다. 하지만 내게 은퇴는 마침표가 아니었다. 어떤 문장이 끝났고, 새로운 문장이 막 시작된 순간이었다.

오래도록 교사였던 시간은 누군가의 성장을 돕는 일이었다. 이젠, 그 시선이 내 안으로 향했다. '이제부터 나는 어떤 삶을 살아가고 싶은가?'

은퇴 후의 시간을 상상해본 적은 많았지만 막상 시작해보니, 낯설고 어색한 하루들이 줄지어 다가왔다. 일정 없는 아침, 전화기 너머의 정적, 끝나지 않는 오후의 고요함. 예상보다 길고 텅 빈 시간은 때로 막막하게 느껴지기도 했다.

그때 작은 사무실이 생겼다. 책과 펜, 노트북과 생각들로 채워진 공간. 처음엔 강의 준비용 작업실이었지만 점점 누군가가 찾아와 고민을 나누는 상담실이 되었고, 다시 나를 발견하는 연습장이 되었다.

하루 두 시간짜리 강의가 누군가에겐 미래를 바꾸는 계기가 되기도 했다. 단순한 정보가 아니라,

생애의 다음 장을 어떻게 써야 할지 묻는 사람들이 많았다. 그 질문에 답하기 위해 내가 먼저 내 인생을 설계하기 시작한 것이다.

그 길은 단순하지 않았다. 보험이란 단어, 설계라는 구조, 상품 비교, 보장 분석… 모든 것이 새로운 언어처럼 느껴졌다. 하지만 이전의 교사 생활도 그랬다. 처음엔 아이들의 눈빛조차 읽기 어려웠으니까. 지금은 고객의 불안을 먼저 알아차릴 수 있게 되었다. 그건 시간과 마음이 함께 쌓아올린 감각이었다.

은퇴는 퇴장이 아니라 새로운 인생의 입장문이다. 나를 더 깊이 알게 되고, 누군가의 삶과 더 가까워지는 시간. 그래서 지금 나는 이 시간을 처음보다 훨씬 더 단단하게 살아가고 있다.

인생의 흐름은 멈추지 않는다.

은퇴는 단지 그 흐름의 속도와 방향이 바뀌는 순간일 뿐.

그리고 그 방향을 스스로 설계할 수 있다면, 그건 축복이다.

2. 내 가족처럼, 진심으로 설계합니다

설계서보다 중요한 건, 고객의 마음

보험 설계라는 말은 어쩐지 기술적으로 들린다. 상품을 고르고, 조합하고, 보장 항목을 숫자로 나열하는 일처럼 느껴진다. 하지만 현장에서 마주한 고객들의 얼굴은 그 어떤 수치보다 더 복잡하고, 더 섬세했다.

첫 상담이 기억난다. 손에 진단서를 들고 온 50대 여성. 말은 담담했지만 눈빛은 흔들리고 있었다. 설계서를 열기도 전에 그분의 마음부터 들여다봐야 했다.

무엇이 가장 걱정인지, 어떤 미래를 준비하고 싶은지, 가족은 누구와 살고 있는지, 과거에 어떤 보험을 들었고, 어떤 기억이 남았는지. 설계는 그 질문들 위에서 시작되었다.

누군가는 연금 하나 들겠다고 오지만 실은 자녀 걱정이 더 컸고, 누군가는 암보험을 묻지만 마음속에는 부모님의 병력에 대한 불안이 있었다. 그런 마음들을 먼저 들여다보지 않고는 어떤 설계도 진짜가 될 수 없다.

그래서 상담할 땐, 문서보다 눈을 먼저 본다. 계산기보다 공감이 먼저다. 때로는 상담 시간이 길어지기도 하고, 결과적으로 계약으로 이어지지 않을 때도 있다. 그럼에도 그 시간을 아깝다고 생각해본 적은 없다.

<u>**보험은 결국, 한 사람의 인생에 대한 책임을 나누는 일이기 때문이다.**</u>

설계서 한 장에는 담기지 않는 삶의 맥락이 있다. 그걸 놓치지 않으려면 상품 설명서보다 고객의 '사연'을 먼저 읽어야 한다.

가족처럼 상담한다는 말, 흔히 쓰이지만 쉬운 말은 아니다. 내 가족이라면 어떤 보장을 추천할까, 내 언니라면 어떤 선택을 할 수 있게 도와줄까. 그 기준 하나만은 절대 흔들리지 않았다.

그래서 아직도 상담 전에는 마음을 가다듬는다. 이건 계약이 아니라, 한 사람의 인생 설계를 함께 짜는 시간이라는 걸 잊지 않기 위해서.

설계서 위에 놓인 숫자는 마음의 무게를 담을 수 없다. 그래서 나는 늘, 고객의 눈빛을 먼저 본다.

숫자가 아닌 사람을 위한 설계를 위해.

그 마음이 쌓여 신뢰가 되고, 그 신뢰가 결국, 오래가는 설계가 된다.

계약은 숫자가 아니라 신뢰로 맺는 약속

계약. 그 단어만 보면 어딘가 차갑고 계산적인 느낌이 먼저 떠오른다.

얼마를 넣고, 얼마를 받는지 어떤 특약이 있고, 언제까지 유지되는지. 보험은 특히, 숫자와 규정이 앞서는 구조다.

하지만 실제로 계약을 맺는 순간은 단 한 줄의 문서나 수치가 아니라, **한 사람이 다른 사람을 믿기로 결심하는 그 순간**이었다.

많은 고객들이 말한다.

"금액이 중요한 게 아니에요. 믿을 수 있는 사람인지가 더 중요해요."

그 말의 무게를 상담을 거듭할수록 실감하게 된다. 단순히 혜택을 비교하는 게 아니라, **이 사람과 평생을 함께할 수 있을지**를 가늠하고 있는 것이다.

그래서 상담 마지막 단계가 오히려 가장 조심스럽다. 상품을 설명하고, 분석을 마쳤다고 해서 계약을 권하지는 않는다. 오히려 '조금 더 생각해보셔도 괜찮다'고 말하는 편이다.

조급하게 맺은 계약은 언젠가 다시 무너지기 쉽다. 하지만 신뢰 위에서 맺어진 계약은 그 어떤 상황에도 흔들리지 않는다.

신기한 일이다. 계약이 성사되던 날보다, 그 이후에 찾아오는 말 한마디가 더 오래 남는다.

"설계사님, 정말 감사했어요."

"이제 좀 마음이 편안해졌어요."

그럴 땐 내가 한 일이 단순한 보장 설명이 아니라, **누군가의 마음 한 조각을 덜어드리는 일이었다**는 걸 실감한다.

보험 설계는, 단지 금융 상담이 아니다. 인생이라는 긴 여정 속, 한 지점을 함께 걷기로 하는 약속이다. 그 약속이 진심에서 비롯된다면 숫자는 그저 부속일 뿐이다.

계약이란, 결국 사람 사이의 약속이다. 조건을 따지기 전에 신뢰가 있어야 하고, 서명을 하기 전에 마음이 먼저 닿아야 한다. 그래서 나는 오늘도 계약을 '설명'하지 않는다. 그 사람의 인생에 조용히 **함께 걷는 의사**를 건넬 뿐이다.

3. 연금은 곧, 삶의 흐름을 지키는 일

노후의 불안 대신 '예측 가능한 삶'을 드립니다

"이 돈이면, 몇 살까지 버틸 수 있을까요?"

상담 중 가장 많이 들은 질문 중 하나다. 수명이 길어질수록, 노후의 경제적 불안도 함께 길어졌다.

누구도 정확히 알 수 없는 시간. 그 시간 안에서, 얼마의 소득이, 어떤 구조로 들어올지를 사람들은 알고 싶어 했다.

그래서 연금이라는 구조는 단순한 '노후 준비'가 아니다. **삶의 리듬을 지키는 장치**. 매일이 끊겨도, 직장이 없더라도, 매달 들어오는 일정한 소득이 있다는 것. 그 사실 하나만으로도 사람은 훨씬 평온해질 수 있다.

상담실에서 연금을 설명할 때 늘 강조하는 건 '금액'이 아니다. **예측 가능성**이다. 얼마를 받을지가 아니라, 언제까지 받을 수 있는지를 알게 되었을 때 비로소 사람들은 안도의 숨을 쉰다.

불안은 대부분 '모름'에서 시작된다. 앞이 보이지 않을 때, 사람은 계획할 수 없고, 계획할 수 없으면 조급해지고, 조급한 선택은 결국 손해로 이어진다.

그래서 연금은 단지 **돈을 받는 통로**가 아니라, 불확실한 미래 속에서 **나를 중심에 둘 수 있는 기술**이다.

직장도, 건강도, 가족의 구조도 변할 수 있지만 연금은 한 사람의 삶을 일정하게 감싸주는 울타리 같은 것이다.

그리고 그 울타리를 누군가 정성껏 설계해준다면, 그건 단지 금융상품이 아니라, 한 사람의 인생을 배려한 '온기'가 된다.

노후의 불안을 없애는 건 거대한 자산이 아니라, 예측 가능한 흐름이다. 매달 같은 날, 같은 방식으로 내 삶을 지지해주는 흐름. 그 흐름을 설계하는 사람으로 살아가고 있다.

소득의 끊김 없이 이어지는 삶의 설계

퇴직은 갑작스럽게 찾아왔다. 예고된 것이었지만, 막상 그날이 되자 모든 게 달라졌다. 월급이 끊긴 첫 달, 급여통장에 아무런 입금이 없는 날을 맞이하며 알 수 없는 불안이 밀려왔다.

소득이 멈춘다는 건 단순히 돈의 문제가 아니었다. 삶의 리듬이 무너지고, 하루의 의미가 흔들리고,

계획이라는 말이 낯설어졌다.

그때 처음, 연금이라는 단어가 다르게 들렸다. 그건 '준비해야 할 항목'이 아니라, 앞으로의 시간을 유지하게 해주는 **삶의 구조**였다.

많은 사람들은 퇴직 이후에도 기존의 생활수준을 유지하고 싶어 한다. 하지만 퇴직금은 언젠가 바닥나고, 자녀에게 기댈 수 없는 시대에, '매달 들어오는 돈'이 있다는 건 상상 이상으로 큰 안정감을 준다.

연금은, 일이 없어도 삶이 무너지지 않도록 돕는 설계다. 내가 건강하지 않아도, 가정 상황이 변해도, **한 달 한 달을 견딜 수 있는 힘을 남겨두는 것.**

그래서 상담에서는 '몇 살까지 일할 수 있는지'가 아니라 '일하지 않아도 유지될 수 있는 구조가 있는지'를 묻는다. 그 구조가 바로 연금이다.

정기적인 소득이 있다는 건 삶이 계속되고 있다는 증거다. 불확실한 미래를 맞이하는 가장 좋은 방법은 **소득의 끊김 없이 이어지는 흐름을 설계하는 것.** 그리고 그 설계는, 누군가에게는 처음이자 마지막 기회일 수 있다.

소득이 끊긴다는 건 단지 돈이 없다는 뜻이 아니다. 삶을 유지하던 리듬이 무너지고, 내일을 상상하기 어려워진다는 뜻이다.

그래서 연금 설계는 숫자가 아니라, 삶을 이어주는 흐름을 그리는 일이다. 내가 그 흐름을 설계해드릴 수 있다면, 그 자체로 의미 있는 일이 된다.

4. 강의실에서 만난 고객의 얼굴들

공무원, 고소득자, 신중년… 다른 배경, 같은 고민

강의실의 분위기는 언제나 조용했다. 앞줄엔 노트북을 켠 30대 공무원이 있었고, 중간쯤엔 병원 근무를 마친 고소득 전문직이 앉아 있었다. 뒷자리엔

명예퇴직 후 강의를 들으러 온 신중년들이 조용히 메모를 이어갔다.

다 다른 배경, 다른 직업, 다른 시간대를 살던 사람들. 그들이 공통적으로 내 강의 앞에 앉게 된 이유는 하나였다.

"지금 가진 것을, 어떻게 잘 지켜야 할까요?"

공무원은 안정적인 월급이 있지만 막상 퇴직 이후의 구조를 떠올리면 불안하다고 했다. 고소득 전문직은 수입은 많지만, 지속 가능성에 대한 불확실성이 크다며 질문을 던졌다. 신중년은 이미 퇴직을 경험한 이들. 자산은 있지만, 그걸 어떻게 흐름으로 바꿔야 할지 몰랐다.

각자 다른 듯 보여도 가장 깊은 질문은 닮아 있었다.

> "언제까지 지금처럼 살 수 있을까요?"
> 그리고, "지금이 가장 좋을 때라면, 이후를 위해 뭘 준비해야 할까요?"

그 물음에 단순한 '상품'으로 답할 순 없었다. 그래서 나는 늘, 구조를 설명했다. 지금의 소득이 언제까지 이어지고, 어디서 끊길 수 있으며, 그때를 위해 어떤 장치를 미리 배치해야 하는지.

정답은 없었다. 다만, '흐름을 바꾸지 않도록 설계하는 일'이 중요하다는 것. 그걸 이해하면, 자산이 많든 적든, 지금이 퇴직 전이든 후든 모두가 같은 출발선에서 새롭게 계획할 수 있었다.

강의가 끝나고, 수강생 한 분이 조용히 말했다. "오늘 들은 얘기가, 돈 이야기가 아니라 삶 이야기로 들렸어요." 그 한마디가 오래 남았다. 이 일이 단지 금융을 말하는 일이 아니라는 걸 다시 확인하는 순간이었다.

직업이 다르고, 자산의 규모가 달라도 사람들이 가진 '다음에 대한 불안'은 비슷하다. 그래서 나는 숫자보다 먼저 **그들이 어디쯤 서 있는지를 본다.** 방향을 잃지 않도록, 흐름이 끊기지 않도록, 지금 가진 것을 지켜가는 길을 함께 찾는다.

내가 전하는 건 정보가 아니라 방향입니다

사람들은 종종 묻는다.

> "어떤 상품이 제일 좋나요?"
> "요즘 수익률 괜찮은 투자처가 있을까요?"
> "월 얼마씩 넣으면 몇 살에 얼마를 받을 수 있죠?"
> 그 질문들은 숫자를 향해 있지만, 그 안에는 늘 '불안'이 숨어 있다.
> '내가 지금 잘하고 있는 걸까?'
> '이 선택이 실수는 아닐까?'

그래서 상담이나 강의에서 가장 먼저 꺼내는 건 상품 이름이 아니라, **방향을 함께 짚어보는 일**이다.

지금 이 사람의 소득 구조는 어떤지, 어디서 끊길 가능성이 있는지, 지출의 패턴은 안정적인지, 의외의 리스크는 없는지, 그리고 무엇보다 **이 사람이 인생에서 중요하게 생각하는 가치는 무엇인지.**

그걸 함께 들여다보고 나면 비로소, 길이 보인다. 고객 스스로 알지 못했던 금융 패턴의 틈이 보이기도 하고, 자신이 막연히 믿고 있던 수익률 환상이 현실과 얼마나 거리가 있었는지도 드러난다.

정보는 넘쳐나는 시대다. 검색하면 누구든 찾을 수 있는 데이터, 영상 플

랫폼을 켜면 수십 개의 금융 콘텐츠가 쏟아진다. 하지만 그 많은 정보가 **한 사람의 인생 전체를 안내해주는 건 아니다.** 길을 찾는 데 필요한 건 무수한 팁이 아니라, 그 사람에게 맞는 방향이다.

그래서 내가 전하는 건 정답이 아니라 구조이고, 상품이 아니라 맥락이고, 정보가 아니라 **방향**이다.

정보는 누구나 줄 수 있다. 하지만 방향은, 함께 걷지 않으면 줄 수 없는 것이다. 지금도 나는 고객 한 사람의 삶을 함께 바라보고, 함께 설계하며, 그 **만의 방향을 찾아가는 중**이다.

5. 보험, 부동산, 연금… 결국은 '사람'입니다

재테크도 관계에서 시작됩니다

'재테크'라는 말은 보통 숫자부터 떠오른다. 수익률, 투자처, 자산 증식. 더 많이 알고, 더 빨리 움직이고, 더 유리한 조건을 잡는 사람이 성공하는 게임처럼 느껴진다.

하지만 상담을 오래 하다 보면 알게 된다. 그 모든 **선택의 시작에는 '관계'** 가 있다는 것.

누군가는 친한 지인의 소개로 보험을 들고, 누군가는 오래 알고 지낸 부동산 중개인을 통해 집을 구하고, 누군가는 믿을 수 있는 설계사가 있어서 연금을 시작한다.

상품보다 사람이 먼저인 경우가 훨씬 많다. 그래서 금융이라는 영역이 그

토록 오랫동안 '신뢰'를 중심으로 움직여온 것도 당연하다.

상담을 오랜만에 다시 찾아온 고객이 이런 말을 한 적 있다.

"사실 큰 돈을 움직이게 된 건, 설계사님이 '이 얘기를 누구보다 잘 들어줄 사람'이라고 생각했기 때문이에요."

그 말을 듣고 한참을 생각했다. '정보'보다 '이야기를 들어주는 사람'이 된다는 건 결국, 관계에서 시작된다는 뜻이었다.

지식이나 분석력만으로는 결정의 순간에 함께 설 수 없다. 그 사람이 어떤 삶을 살아왔는지,

지금 무얼 가장 두려워하는지, 어떤 방식의 위로가 필요한지를 조금씩 알아가야 비로소 한 걸음 함께 내딛을 수 있다.

재테크는 기술이기도 하지만, 본질적으로는 관계의 기술이다.

같이 고민하고, 같이 설계하고, 같이 책임지겠다는 마음이 없다면 그 어떤 고수익도 불안한 결과로 이어지기 마련이다.

재테크의 시작은 숫자가 아니다. 그 사람을 믿고, 그 관계 안에서 함께 방향을 잡아가는 것. 그래서 나는 늘, **사람에게서 시작하는 설계**를 선택한다.

'든든함'을 남기는 사람이 되고 싶습니다

사람마다 기억에 남는 사람이 있다. 아주 짧게 스쳐갔지만 마음 한 켠에 '든든함'으로 남아 있는 사람.

당장 필요할 땐 잘 몰랐지만, 어느 순간 돌아보면 그 존재가 위안이 되었던 사람. 나는 그런 사람이 되고 싶었다.

보험설계사라는 직업은 보이지 않는 시간에 대한 약속을 대신 서는 일이다. 지금은 아무 일 없지만, 언젠가 닥칠 수 있는 위험을 함께 막아줄 사람.

그 자리에 서 있기 위해, 고객보다 더 많은 시나리오를 고민하고 더 오랜 시간을 준비해야 한다.

상담실에서 만난 한 고객이 계약을 마치고 나서 이런 말을 남겼다.

> "앞으로 무슨 일이 있어도, 제가 먼저 연락할 사람이 생긴 것 같아요."

그 말이 오래 가슴에 남았다. 보장 금액보다, 납입 기간보다, **사람을 믿고 떠올릴 수 있는 존재.**

든든함은 복잡한 상품 구조에서 오지 않는다. 관계 안에서 차곡차곡 쌓이는 신뢰, 지속적으로 이어지는 응답, '언제든 연락하세요'라는 말이 진심일 수 있다는 것을 고객이 알게 되었을 때.

그때 비로소 든든함이 남는다. 내가 하는 일은 숫자와 조건을 설계하는 일이지만, 실은 고객의 **불안을 나누고, 미래의 방향**을 함께 **짜는** 일이다. 그리고 그 결과로 남는 건 돈이 아니라, **관계의 두께**다.

인생에서 누군가를 떠올릴 때, '그 사람은 든든했어'라는 기억만큼 오래가는 건 없다. 보험, 연금, 자산이라는 이름을 넘어서 누군가의 인생 설계 옆에 **따뜻한 조력자로 기억되고 싶다.**

나는 오늘도,

든든함을 남기는 설계사가 되기 위해 한 걸음씩 걷는다.

이메일 : younarich@naver.com
연락처 : 010-2415-5999

● 주요 활동
현) 유나리치·인카금융서비스 대표
현) 한국개척영업컨설팅연구소 대표
'개척여신'으로 알려진 억대연봉 설계사
강의 콘텐츠 <개척여신의 억대연봉 꿀팁> 운영
2022 한국영업인협회 신인상
2021 더베스트금융 연도대상 금상

조유나

개척여신, 고객님의 인생설계사

1. 나를 발견하는 시간: 내 인생 설계의 시작

2. 개척정신으로 무장하기: 실패를 두려워하지 않는 마음가짐

3. 고객과의 신뢰 쌓기: 진심으로 다가가는 소통법

4. 맞춤형 인생설계 전략: 고객별 니즈 분석과 솔루션 제안

5. 효과적인 개척영업 기법: 나만의 영업 네트워크 만들기

6. 시간관리와 자기관리: 꾸준한 성장을 위한 습관 만들기

7. 멘탈 관리와 스트레스 극복: 흔들리지 않는 마음 다지기

8. 나만의 브랜드 만들기: 개척여신 조유나, 나를 알리기

조유나

"고객님의 수호천사-인생설계사-보험다이어트 코치"

고객에게는 불필요한 보험을 날씬하게 정리해주는 '보험 다이어트 코치'로, 설계사들에게는 개개인의 브랜드를 발굴해주는 세일즈강사이자 억대연봉 메신저로 활동 중이다. 20권이 넘는 저서 출간과 다양한 수상 경력을 바탕으로 현장에서 고객 한 사람, 설계사 한 명의 '돈을 모아주는 머니코치'로 활동하며, 1:1 영업 진단과 브랜딩 컨설팅을 통해 실질적인 도움을 제공한다. '개척여신'이라는 브랜드로 개척영업 전문성을 인정받으며, 고객의 '숨은 보험금'까지 찾아주는 인생카운슬러 역할을 수행하고 있다.

개척여신, 고객님의 인생설계사

누군가는 타이밍이 좋았고, 누군가는 조건이 완벽했을지도 모른다. 하지만 조유나는 '임신 3개월'이라는 절박한 순간에 영업을 시작했다. 배가 불러오던 그 시절, 자동차 한 대 없이 뚜벅이로 고객을 만났다. 비가 오면 비를 맞고, 버스를 두 번 세 번 갈아 타며 누군가의 문 앞에 섰다. 그렇게 12년째 개척영업을 하고 있다.

화려하진 않았지만, 그 시간들은 결국 조유나를 억대 연봉 설계사로 만들어주었다. 그리고 이제, 그녀는 또 다른 설계사들의 '인생설계사'가 되었다. 매일 고객을 진심으로 대면한 경험을 바탕으로, 현장의 설계사들에게 1대1 진단 컨설팅과 코칭을 이어가고 있다.

보험은 단지 상품이 아니라 '사람을 위한 맞춤 설계'라는 사실을 알기에, 오늘도 조유나는 묻는다.

"당신의 이야기를 들려주세요. 그게 시작입니다."

1. 나를 발견하는 시간: 내 인생 설계의 시작

보험 설계사의 길을 처음 걷던 날이 떠오른다. 누군가를 위한 계획을 세우는 일. 그 말이 멋지게 들렸지만, 정작 내가 무엇을 원하는 사람인지부터 확실치 않았다. 자산관리, 재무설계, 연금플랜… 남을 위한 도구는 많았지만, 정작 '내 인생은 어떻게 설계하고 있는가'라는 질문은 한동안 아무도 묻지 않았다.

그래서 처음으로 나에게 질문을 던졌다. 나는 누구인가. 무엇을 잘하고, 무엇을 아직 몰라서 두려워하는가.

그리고 앞으로 어떤 모습으로 살아가고 싶은가. 스스로를 바라보는 일은 쉽지 않았다.

자신의 강점을 말하는 일보다, 약점을 인정하는 일이 더 어려웠다. 하지만 그 모든 진단은 **정직함에서 시작되었고, 성장으로 이어졌다.**

내가 고객의 삶을 분석하는 것처럼 나 자신을 분석해 보기 시작했다. 그랬더니 보였다. 내가 진심을 다할 때 가장 힘이 나는 사람이라는 것. 거절에도 무너지지 않는 회복력을 가졌다는 것. 그리고 사람을 좋아하고, 관계를 지키는 데 오래 집중할 수 있다는 것.

그때부터였다. **일을 단지 '영업'이 아니라 '인생설계사'라는 새로운 정체성으로 바라보기 시작했다.**

목표도 달라졌다. 계약 건수가 아니라 몇 명의 고객이 나를 신뢰하게 되었는지, 얼마나 오래 고객으로 남아주는지를 기준 삼았다. 그러니 방향이 분명해졌고, 한 걸음씩 쌓아가는 신뢰가 곧 경력이 되었다.

누구나 처음은 불확실하다. 하지만 방향을 잡는 사람은 가장 먼저 **자신을**

설계하는 사람이다. 나는 내가 누구인지 명확히 알게 된 그 순간부터 비로소 고객의 인생도 더 깊이 들여다볼 수 있게 되었다.

고객의 삶을 위한 설계는 내 삶의 설계에서부터 시작되었기 때문이다.

2. 개척정신으로 무장하기: 실패를 두려워하지 않는 마음가짐

보험 영업을 시작하고 가장 먼저 마주한 건 성공이 아니라 '거절'이었다. 서류를 들고 방문했지만 문이 열리지 않고, 전화를 걸었지만 아무도 받지 않고, 상담 자리에 앉았지만 결국 "다시 연락드릴게요"라는 말만 남는 날들.

그때 깨달았다. 개척이란, 거절에 무뎌지는 것이 아니라 거절 속에서도 중심을 잃지 않는 힘을 기르는 과정이라는 것을.

누군가는 이렇게 말한다. '**보험 영업은 멘탈 싸움이다.**' 그 말이 과장이 아니라는 걸 실감했다.

아무리 좋은 전략과 상품을 가지고 있어도 마음이 무너지면 어느 것 하나 제대로 전달되지 않는다. 그래서 나는 영업 스킬보다 먼저, 내 마음을 다지는 일에 집중했다.

거절을 두려워하지 않고, 실패를 실패로 보지 않는 연습. 내일의 나를 믿고, 오늘을 견디는 반복. 그게 어느 순간 '개척정신'이라는 이름으로 자라나기 시작했다.

개척은 누군가의 길을 따라가는 게 아니라 **아무도 밟지 않은 길 위에 내 발자국을 새기는 일이다.** 그래서 고독하고, 때로 외롭다. 하지만 누군가는 그 길을 뒤따라올 것이고, 나의 실패는 누군가의 교과서가 될 수도 있다. 그 사실이 때로는 용기가 되었다.

포기하고 싶은 날, '오늘 이 고비 하나 넘으면, 내일 누군가의 희망이 될 수 있다'는 생각이 나를 일으켰다. 보험 설계사라는 길은, 계속해서 새로운 사람을 만나야 하는 일이었다. 그만큼 새로운 거절도, 예상 밖의 상황도 많다.

하지만 내가 확실히 배운 것이 있다면, 그건 실패는 끝이 아니라 **방향을 바로잡는 이정표**라는 사실이다.

그 믿음 하나로, 지금도 나는 걷고 있다. 조심스럽게, 그러나 단단하게. 개척여신이라는 별명이 따라붙게 된 건 아마도 그런 '멈추지 않는 태도' 때문일 것이다.

3. 고객과의 신뢰 쌓기: 진심으로 다가가는 소통법

고객과 처음 마주할 때마다 늘 마음을 다잡는다. 내가 전달하려는 게 상품이 아니라 그 사람의 삶에 스며드는 '설계'라는 사실을 잊지 않기 위해서다. 보험은 금액이 아니라 관계로 맺어지는 계약이고, 관계는 결국 진심에서 출발해야만 오래 지속될 수 있다는 걸 몸으로 배워왔다. 그래서 상담의 시작은 항상, **듣는 일부터 시작한다.**

어떤 보험이 필요한지보다 어떤 삶을 살아왔는지, 지금 가장 걱정되는 게 무엇인지, 누구와 함께 살고, 무엇을 지키고 싶은지. 그 이야기를 충분히 듣고 나면 자연스럽게 그 사람만의 설계가 그려진다. 이야기를 들을수록 고객이 찾는 건 단순한 보장이 아니라, **자신의 인생을 이해해주는 사람**이라는 걸 알게 된다.

때로는 말보다 침묵이 더 많은 상담이 있다. 고객이 망설이고, 주저하고, 감정을 숨기려 할 때, 나는 말 대신 시간을 내어드린다. 설계서로 설득하기보다는 그분의 상황을 진심으로 헤아리는 자세로 다가간다.

'진심은 통한다'는 말은 현장에서 정말 사실이었다. 빠른 설명보다 느린 공감이 더 깊은 신뢰로 이어지는 걸 수없이 경험했다.

신뢰는 한 번에 쌓이지 않는다. 계약 이후에도 연락을 드리고, 필요할 때 먼저 기억하고, 가족의 변화나 인생의 큰 전환점 앞에서 가장 먼저 찾아오는 사람이 되기까지 **시간과 진심이 함께 쌓여야 한다.**

그래서 나는 고객의 '보험 설계사'이기 전에 그 사람 **인생의 '동반자'**가 되고자 한다. 그 신뢰를 지키기 위해, 오늘도 같은 마음으로 상담 자리에 앉는다.

4. 맞춤형 인생설계 전략: 고객별 니즈 분석과 솔루션 제안

한 사람의 인생에는 수많은 장면이 있다. 그 장면마다 필요한 보장은 다르고, 지켜야 할 무게도 달라진다. 그래서 보험은 단순한 비교 견적이 아니라 그 사람만의 인생을 설계하는 작업이다.

누군가는 아이를 낳은 첫 해, 누군가는 부모님의 병원비가 늘어난 순간, 또 누군가는 은퇴를 눈앞에 두고 내 앞에 앉는다. 같은 상품을 권할 수 없는 이유다.

나는 '보장 분석'을 단지 수치 계산이 아닌 고객의 삶을 함께 들여다보는 시간이라 생각한다. 재무 상태, 가족 구조, 현재 지출 패턴, 그리고 앞으로의 계획까지. 종이에 적힌 숫자보다 그 너머의 의도와 불안, 희망과 기대를 함께 읽어야 진짜 맞춤 설계가 시작된다.

그래서 상담 중에 가장 많이 듣는 말은 "그냥 돈 이야기만 하는 게 아니네요"라는 말이다.

맞다. 나는 고객의 통장을 보기보다 먼저 그 사람의 '속마음'을 본다.

진짜 설계는 덜어내는 데서 시작된다. 너무 많은 특약, 중복된 보험, 설계사만 믿고 계속 쌓아온 상품들.

하나하나 정리해주고 필요 없는 걸 줄이면서 고객의 눈이 조금씩 밝아진다.

보험이 어렵지 않다는 걸, '내게 필요한 것'만 남기면 된다는 걸 알게 되면 고객은 자신만의 인생을 다시 설계하기 시작한다.

나는 그 시작을 옆에서 도와주는 조력자다. 보험은 목적이 아니다. 인생을 지켜주는 하나의 '수단'이다. 그 수단을 제대로 쓰려면 '무엇을 지키고 싶은지'부터 명확해야 한다.

나는 늘 고객에게 묻는다.

"이 보험이 당신의 어떤 삶을 지켜주었으면 하나요?"

그 질문 앞에서 대부분의 고객이 잠시 생각에 잠긴다. 그리고 그 순간, **진짜 상담이 시작된다.**

5. 효과적인 개척영업 기법: 나만의 영업 네트워크 만들기

처음에는 어디서 누구를 만나야 할지도 몰랐다. 사람을 만나는 일이 익숙하지 않았고, '영업'이라는 말엔 낯선 긴장감이 뒤따랐다. 그런데 하루는 깨달았다. 영업은 특별한 장소나 기법에서 시작되는 게 아니라 '나와 맞는 고객'을 찾는 일이라는 것을. 그리고 그 고객이 있는 곳에 내가 먼저 가야 한다는 것을.

고소득 직장인들이 모인 강의장, 퇴직 후 제2의 삶을 준비하는 신중년 커뮤니티, 정보를 갈망하는 부모들로 가득한 육아모임. 모두 내가 만난 고객들의 출발점이었다.

그들은 보험을 원하기보다 '설명할 줄 아는 사람'을 기다리고 있었다. 상품을 파는 사람이 아니라 인생을 이해하고 조언해줄 수 있는 진짜 조력자를 찾고 있었다.

명함 한 장에도 내 태도가 담겼다. 상담 신청서에는 '무엇을 파는가'보다 '무엇을 들어줄 수 있는가'를 적었다.

SNS, 강의장, 출판 모임, 심지어 온라인 커뮤니티 댓글 하나까지도 내 브랜드의 일부가 되었다. 그렇게 조금씩, 나를 신뢰하는 사람들의 연결이 생겼다.

개척은 외로운 길이지만 '관계'로 이어지는 순간, 그 길은 길이 아니라 '다리'가 된다. 나는 단 한 번의 영업보다 오래도록 기억에 남는 사람이고 싶었다. 그래서 첫 만남에 집중했고, 그들의 말을 오래 들었고, 계약 후에도 연락을 멈추지 않았다.

> 결국, 고객은 숫자가 아니라
> '사람'이라는 걸 다시금 깨달았다.

잘 들었고, 잘 기억했고, 잘 설명해준 사람이 그들의 마음에 오래 남는다. 지금 내가 가진 네트워크는 고객 명단이 아니라 '신뢰의 지층'이다.

6. 시간관리와 자기관리: 꾸준한 성장을 위한 습관 만들기

시간을 관리한다는 건, 단순히 스케줄을 정리하는 일이 아니었다. 내 삶에서 가장 중요한 '우선순위'를 매일매일 다시 정리하는 과정이었다. 누군가는 "시간이 없어"라고 말하지만, 사실 시간은 늘 내 옆에 있었다.

문제는 '어디에 쓸 것인가'의 선택이었다. 새벽 6시에 일어나는 루틴을 만들기까지 수많은 실패가 있었다.

일찍 자는 연습부터 전자기기와의 거리 두기까지 하나하나 습관을 고쳐야 했다.

그러다 어느 날부터, 새벽의 고요함이 나를 살려줬다. 모든 게 조용한 그 시간, 나는 오늘의 목표를 조용히 다짐했고 하루의 흐름을 내 손으로 설계할 수 있었다.

자기관리는 시간관리와 맞닿아 있었다. 감정이 흐트러지는 날은 일정도 따라 무너졌다. 그래서 나는 감정을 정리하는 시간도 일과 중 일부로 넣었다.

짧은 명상, 따뜻한 커피 한 잔, 고객과의 따뜻한 메시지 교환 하나. 그 작은 쉼이 내 하루를 견디게 했다.

무엇보다 중요한 건 '자기 자신에게 신뢰를 쌓는 일'이었다. 계획한 것을 해냈을 때의 성취감은 작은 일이더라도 나를 더 단단하게 만들었다.

계속 포기하고 미루면 스스로를 믿지 못하게 되니까. 나는 나 자신에게 약속했다. "작지만 매일 쌓자. 그게 결국, 나를 성장시키는 힘이 될 테니."

> 습관은 성장을 만든다. 그리고 성장하는 사람은 언제나 고객에게도 신뢰를 준다. 누군가 내게 물었다. "어떻게 그렇게 꾸준히 해요?" 나는 대답하지 않았다. 대신, 오늘도 똑같이 내 아침 루틴을 지켰다.

7. 멘탈 관리와 스트레스 극복: 흔들리지 않는 마음 다지기

보험이라는 일은, 수치와 설계만으로 움직이지 않는다. 사람과 사람 사이에서 일어나는 작고도 깊은 감정의 파동 위를 걷는 일이다. 그렇기에 설계사에게 필요한 건 상품 지식보다 먼저, 흔들리지 않는 마음이다.

고객의 한 마디에 기분이 요동칠 때가 있다. '믿고 맡긴다'는 말에 눈물이 날 만큼 고마운 가 하면, 차갑게 돌아서는 뒷모습에 하루 종일 마음이 무너지기도 한다. 영업은 성적보다 멘탈이 중요하다는 말, 그건 수치로 설명할 수 없는 우리 일의 본질이다.

나는 거절을 수없이 경험했다. 대부분은 조용히 지나가지만, 어떤 날은 깊은 상처로 남는다. 그럴 때마다 마음에 묻는다. "내가 이 일을 계속할 수 있을까?" 그 질문 앞에 멈춰 선 적이 한두 번이 아니었다.

하지만 그럴 때일수록 마음을 다잡는 루틴이 나를 붙잡아줬다. 하루의 끝에 '고마운 일 세 가지'를 적는 습관.

몸이 지칠수록 더 걷고, 기분이 가라앉을수록 더 나누는 대화. 작은 습관들이 내 마음의 중심을 지켜줬다.

중요한 건, 강한 마음이 아니라 '회복력'이다. 누구나 흔들린다. 하지만 다시 중심으로 돌아오는 힘.

그 힘이 멘탈 관리의 본질이라는 걸 조금씩 배워 갔다. 스트레스를 무조건 이기려 들기보다 그 감정을 들여다보는 연습을 했다.

왜 아팠는지, 왜 흔들렸는지, 그 감정 속에 내 마음의 방향이 숨어 있었기 때문이다. 고객 앞에서 늘 웃을 수 있는 이유, 그건 애써 감정을 숨겨서가 아니라 내 안에서 그 감정을 다루는 법을 배웠기 때문이다.

이 일을 오래 하려면 마음도 함께 자라야 한다. 좋은 상품보다 더 신뢰받는 사람은 자신의 감정을 잘 돌보는 사람이다. 그리고 그런 사람만이 고객의 감정에도 귀 기울일 수 있다.

8. 나만의 브랜드 만들기: 개척여신 조유나, 나를 알리기

이제는 보험설계사도 '이름'을 가져야 하는 시대다. 누가 더 좋은 상품을 파느냐 보다, 누가 더 신뢰를 주는 사람인가가 고객의 선택을 좌우한다. 그래서 설계사는 단순한 직업이 아니라, 하나의 브랜드가 되어야 한다.

브랜드라는 단어가 거창하게 들릴 수 있다. 하지만 본질은 단순하다. '그 사람만의 방식'으로 고객을 대하는 태도. '그 사람답게' 일하고, 말하고, 연결되는 모든 순간. 그것이 브랜드를 만든다.

나는 나의 색을 찾기 위해 스스로에게 수없이 질문했다. 나는 누구인가? 나는 어떤 가치로 이 일을 하고 있는가? 그 질문을 통해 조금씩 나만의 언어와 이미지를 만들었다.

브랜드는 완성하는 것이 아니라 조금씩 발견해가는 여정이다. 블로그 글 한 줄, SNS에 올린 한 장의 사진,

고객에게 보낸 문자 하나에도 내 태도와 결이 담긴다. 그래서 모든 순간이 '브랜딩의 장면'이다.

개척여신이라는 별명도 어느 날 갑자기 생긴 게 아니다. 끊임없이 새롭게 시도하고, 늘 호기심 어린 눈으로 세상을 바라보며 고객 한 사람 한 사람의 인생을 설계해온 나의 일상. 그 시간들이 '조유나'라는 이름에 색깔을 입혀준 것이다.

<u>고객은 기억하고 싶을 때, 이름보다 이미지를 먼저 떠올린다. 조유나라는 이름이 '진심을 다하는 설계사',</u>

'끈기 있게 도전하는 사람', '든든한 인생 파트너'로 기억된다면 그 자체가 최고의 브랜드다.

브랜딩은 스스로를 꾸미는 일이 아니다. 오히려 가장 진짜다운 나로 살아가는 것. 거기서 오는 자연스러움이

<u>고객에게는 '신뢰'로 느껴진다. 그리고 그 신뢰야말로 설계사의 가장 강력한 경쟁력이다.</u>

이메일 : moot7946@nate.com

연락처 : 010-9793-1800

● 주요 활동

2025 세일즈 전문 코칭 자격 취득
  (SP&S 컨설팅 연구소)
2025 보험심사평가사 1급 자격 취득
  (KCE,한국자격검정평가진흥원)
24-25 NBN(내외경제TV) "보험불만 제로",
  서울경제TV "원픽" 보험방송 출연
2023 (주) 에즈금융서비스 GA
  인슈어비스 지사장 취임
2022 에이플러스에셋 홍보브이로그 모델
21-22 에이플러스 Million Club 연속 달성

최정관

보험, 진심이 사람을 향할 때 완성된다.

1. 진심은, 다시 시작하게 만든다
   20년 커리어를 접고 선택한 새로운 길

2. 나는 신입이었고, 그래서 더 절실했다.
   업적이 증명하는 첫해의 기록
   내 하루가 브이로그로 남겨질 줄은 몰랐다

3. "가르침"이 아니라 "삶"을 나눈다
   집체교육장의 단골 강사

4. 고수들의 세계에 들어서다
   자산가와 법인을 위한 1년 6개월
   깊이를 더하니 고객이 달라졌다

5. 보험, 결국 보상으로 완성된다.
   보험은 판매로 완성되지 않는다
   가장 힘든 순간 고객의 곁을 지키는 설계사

6. 선한 영향력은 나눌수록 커진다
   보험의 가치를 증명하고 싶다

7. 오늘보다 더 큰 내일을 설계하는 사람
   나만의 보험대리점, 내 이름을 걸다
   '지금이야말로 보험업을 시작할 때'라는 믿음

"보험의 가치를 마음으로 전하는 보상 전문가"

2001년 금융업을 시작해 20년 넘는 경험을 바탕으로 2020년 세일즈의 끝판왕 보험업에 당당하게 도전,철저한 보상 중심의 맞춤 보험 설계를 기준과 원칙으로 삼고 있다.

고객의 권리를 정확히 지켜주는 전문성을 바탕으로 오늘의 나와 미래의 나를 잇는 보험의 진정한 가치 전달을 목표로 활동하고 있다.

에이플러스에셋에서 연속 Million Club을 달성하는 등 보험설계사로서의 검증된 실력을 보여주고 있으며, 개인보험과 법인보험 , 자산가를 위한 종합 재무설계 전문성까지 두루 갖추고 있다. 또한 다양한 보험방송의 전문가로 활동하고 있으며, 신입 설계사들의 멘토로 인정 받고 있다.

보험, 진심이 사람을 향할 때 완성된다.

1. 진심은, 다시 시작하게 만든다

익숙함을 내려놓고, 다시 설계한 나의 두 번 째 인생 커리어

숫자가 아닌, 사람을 향한 선택 누군가는 말한다.

"20년간 쌓아온 금융 커리어를 접는 건 인생의 큰 리스크야."

하지만 나에게 그 선택은, 텅 빈 인생 캔버스에 첫 붓을 다시 들었던 순간이었다. 금융업계에서 다양한 경험들로 인정 받았고, 성장하며 강단에 섰다. 그러나 마음은 어느새 멈춰 있었다. '이 일은 내 길이다' 라고 믿고 걸어온 시간, 20년. 누가 봐도 성공한 삶이었지만 나는 어느 순간, 마음이 더는 뛰지 않는다는 사실을 마주했다.

> "지금 이대로, 평생을 살아도 괜찮을까?" 내가 여기서 더 이상 할 수 있는 일이 있을까?

그 답을 찾기 위해서 커리어를 되짚어보고, 성공했던 순간들을 되새겨보았다. 하지만 그 어디에도 지금 내 심장을 뛰게 해줄 무언가는 없었다. 그때

문득 떠올랐다. 과거에 꼭 한번 해보고 싶었던 일, 두려워서, 주변의 만류로 생각을 접었던 일, 그렇게 만난 단어가 보험이었다.

처음엔 보험은 또 하나의 금융상품처럼 보였다. 하지만 조금 더 들여다보니, 그것은 누군가의 내일을 지켜주는 약속이었다. 단순한 보험 상품 판매가 아니라, 사람의 인생과 돈을 지켜주는 일이며, 미래의 불확실성과 경제적 위기에 대비하는 가장 효과적이고 전문화된 리스크 관리 솔루션이라는거.

즉, 보험은 사람의 삶 전체를 계획하는 일이었다. 이런 생각이 떠오르는 순간 묘하게 마음이 요동쳤다.

오래된 열망에 다시 불을 붙이는 느낌. 그건 단순한 호기심이 아니라, 내 삶을 다시 설계하고 싶다는 진짜 욕망이었다. 그래서 나는 움직였다. 아무도 소개해주지 않았고, 누구도 함께 가지 않았다. 나 혼자 보험사들을 찾아 다니며 인터뷰하고 결정했다. 그 결정의 선택은 에이플러스에셋이라는 보험 대리점을 향했다.

"보험을 배우고 싶습니다."

그 말 한마디가 나의 자존심, 커리어, 익숙함을 모두 내려놓게 했다. 그날부터 나는 다시 신입이었다. 바로 최정관씨.. 최정관설계사님 였다. 이렇게 불리는건 당연했다.

모든게 익숙하지 않았고, 어려웠고, 모르는것 투성이었다. 몇날 며칠을 상품 공부하고 연습하고 해도 거절당하는게 일상이었다.

하루에 한 사람, 열 번을 만나도 나는 지금의 선택을 단 한 번도 후회하지 않았다.

"이 일, 나 정말 잘 할수 있을것 같아."

고객의 눈을 바라볼 때마다, 그 말은 점점 더 확신이 되어 돌아왔다. 보험은 숫자가 아니라, 사람의 언어였다. 그 언어를 배우는 과정은, 누군가의 삶을 통째로 이해하는 연습이었다. 나는 그 언어를 배우기 위해, 다시 시작했다. 그리고 그 공간에서 나는 또 한 번의 신입이 되어 내 두 번째 인생을 열었다.

다시 시작하기엔 너무 늦었다고 생각했지만, 진심으로 시작한 일 앞에서는 나이도, 경력도 중요하지 않았다. 보험은 내게 단순한 두 번째 커리어가 아니었다. "사람"을 진심으로 만나는 인생의 전환점이었다.

2. 나는 신입이었고, 그래서 더 절실했다

진심과 열정만으로 처음 보험 일을 시작했을 때, 나는 '아무것도 몰랐다.' 상품 하나조차 제대로 설명할 수 없었다. 당연히 상품 구조도, 제안서 작성법도, 심지어 고객 앞에서 무슨 말을 해야 할지도 서툴렀다. 신입이란 이름은 때론 무력했지만, 나는 그만큼 더 간절했다.

2020년 가을, 모든 걸 내려놓고 시작한 첫 출근길. 금융 경력 20년 차였던 나는, 그날 단 하루 만에 '신입 설계사로' 돌아갔다. 보험대리점의 문을 열며 말했다. "이 일을 배우고 싶습니다." 그날 이후, 나의 하루는 다시 배움으로 시작되었다.

나는 매일이 배움의 연속이었다.

새벽 출근, 밤늦은 퇴근. 사무실 불을 제일 먼저 켜고, 가장 마지막으로 끄는 사람이 나였다. 이런 행동은 지금도 꾸준하게 하고 있다. 상담 한 건을 위해 대본처럼 말 연습을 하고, 거절당한 후에도 다시 고객을 만날 준비를 했다. 신입이었지만, 프로처럼 당당해 보이고 싶었다. 열번 거절을 당하고도 열한 번째 고객 앞에서는 처음처럼 설명했다.

갑작스런 고객의 질문에 말을 잊지 못했던 날들이 훨씬 많았다. 창피하고 자존심도 상했지만, 단 한번도 이 길을 의심하지 않았다. 그리고 어느 날, 회사에서 설계사들을 대표해서 나의 하루를 브이로그로 촬영을 하고 싶다고 제안을 했다.

"신입 교육용 콘텐츠로, 최정관 설계사의 하루를 기록하고 싶습니다."

처음엔 당황했지만, 그 제안은 내 지난 하루하루가 누군가에겐 롤모델이 될 수 있다는 뜻이었다.

그 영상 속 나는, 늘 같은 자리에 앉아, 같은 태도로 고객을 대하고 있었다. 그 평범한 반복 속에서 나는 '진심'이라는 걸 하루하루 증명해내고 있었다.

'신입'이기 때문에 부족했던 게 아니라, '신입'이었기에 더 간절했고, 더 정직했다. 나는 그렇게 보험을 시작했고, 그 진심은 지금까지도 나를 살아 숨쉬게 한다.

3. "가르침"이 아니라 "삶"을 나눈다

보험을 시작한 지 1년이 조금 넘었을 무렵, 회사 신입 설계사 교육 센터장님께서 조심스럽게 말을 건넸다. "신입 설계사, 집체교육에 한번 강의해보실 수 있나요?" 처음엔 망설였다.

내가 가르칠 수 있을 만큼의 사람인가? 아직도 모르는 게 많은데,

누군가 앞에 선다는 게 어울릴까?

누군가 앞에 선다는 건 말보다 태도가 먼저인 일이라는 걸 너무나 잘 알았기에, 두려웠다.

하지만 교육장에 들어선 순간, 그 눈빛들이 나를 흔들었다.

"얼마전 내가 신입설계사로 앉아서 누군가를 바라보던 나와 똑같다."

무언가에 도전했지만, 막막하고 두려운 마음이 가득한 그들의 표정 속에서 나는 그날의 나를 봤다.

그래서 가르치지 않기로 했다. 그저 '들려주기로' 했다. 그때 깨달았다. 사람을 움직이는건 기술이 아니라, 진심의 온도라는 걸, 그리고는 이렇게 이야기 했다.

"내가 했던 실수, 흔들렸던 날들, 고객 앞에서 진심을 꺼냈던 이야기들로 여러분들과 마음을 나눌려고 왔습니다"라고 그제서야 자리에 앉아 있던 신입 설계사들도 긴장을 푸는 모습이었다. 거절당한 날 밤, 집으로 돌아와 울컥했던 이야기. 첫 계약을 맺고 고객이 악수하며 고맙습니다 말했던 순간. 그

리고 '이 일을 잘하고 싶다'는 간절함 하나로 하루하루 버텨왔던 내 이야기.

가장 기본적인 일, 고객을 정리하고 고객이 가입중인 보험을 분석하는 방법을 이야기 했다. 신입 설계사들이 고개를 끄덕였고, 눈을 반짝였다.

그들 중 한 명이 교육이 끝나고 이렇게 말했다. "선배님도 저희랑 똑같았네요." 그 말이 참 고마웠다. 그래, 나도 그렇게 시작했지.

그 모든 경험이 누군가에겐 용기가 되었고, 어느새 나는 누군가의 선배가 되어 있다. 그래서 신입설계사분들의 마음을 그 누구보다 이해 할수 있었다.

지금은 신입 설계사 교육장이 아닌, 우리의 설계사들을 위해 매일 매일 아침 조회를 진행하고 있다.

가르치기 위해서가 아니라, 그날의 나처럼 흔들리는 마음에 작은 불씨를 전하며, 그들에게 든든한 버팀목이 되어주고 싶다.

내가 신입이었을 때 듣고 싶었던 말, 그 한마디는 누군가의 내일을 지켜준다.

그날 내가 했던 작은 이야기가 누군가의 내일을 바꿀지도 모른다.

나는 오늘도 그 자리에서 삶의 태도로 말하고 있다.

4. 고수들의 세계에 들어서다

자산가와 법인 고객을 만나는 1년 6개월의 훈련. 보험은 누구에게나 필요한 일이지만, 모든 고객이 같은 언어로 보험을 이해하지는 않는다. 특히 자산가와 법인 대표들은 달랐다. 그들에게 보험은 단순한 보장이 아니라, 재정과 경영, 세금과 리스크의 전략 도구였다.

처음 그 세계에 발을 들였을 때, 나는 또 한 번의 '신입'이 되었다. 에이플러스에셋의 자산가·법인 전문 영업팀에서 1년 6개월 동안 커리큘럼을 수료하며 나는 완전히 다른 '보험 설계의 언어'를 배워야 했다.

재무제표, 상속세 구조, 가업승계, 절세 전략, 법인의 자금 흐름까지 공부하며 내가 알고 있던 보험은 빙산의 일각에 불과했음을 절감했다. 하지만 그 훈련의 시간 덕분에 고객이 진정 원하는 게 무엇인지, 마음의 불안과 니즈를 읽을 수 있게 됐다.

재무재표 너머의 두려움, 법인 대표님들의 잠 못드는 밤을 이해하기 시작했다. 복사된 제안서는 한 장도 없었다. 모든 설계는 고객의 삶과 상황에 맞춘 단 하나의 버전이었다. 그러던 어느 날, 지인으로부터 소개 받은 한 법인 대표가 말했다.

> "설계사님은 보험을 파는 게 아니라 제 회사를 너무나 잘 아는 우리 회사 직원 같으시네요."

그 말은, 내가 이 일을 왜 하는지를 다시 확인시켜줬다. 나는 이제 단순한 설계사가 아니라 고객의 비즈니스 파트너가 되고 있었다.

보험은 내가 하고 싶은 이야기를 하는게 아니라, 고객님이 듣고 싶은 이야기를 해야 한다라는걸 알게 되었다. 그게 진짜 설계사 가 갖춰야할 실력임을 배웠다.

5. 보험, 결국 보상으로 완성된다

가장 힘든 날을 지키는 약속의 무게 보험은 가입으로 끝나는 일이 아니다. 진짜 시작은, 보상이 이뤄지는 그 순간부터다. 그 사실을 알게 된 건, 고객의 위기 앞에서 직접 마주한 현실 때문이었다.

"입원했는데 보험금이 안 나왔어요."

"수술을 해야 하는데 보험금 받을 수 있을까요?"

그런 전화 한 통, 문자 한 줄에 고객은 설계사를 믿고 기대고 있었다. 그 순간 깨달았다. 보상은 곧 신뢰의 완성이라는 것을.

보험 상품 판매는 누구나 할 수 있지만, 보상까지 책임지는 설계사는 드물다는 것도. 그래서 나는 선택했다.

전문 세일즈 코칭 과정을 통해 고객과의 상담력을 높였고, 보험심사평가사 1급 자격을 취득해 보험금 청구 실무까지 완벽하게 공부했다.

진단서 한 줄의 표현 차이로 보험금 수령 여부가 바뀌는 현실 속에서 나는 고객의 권리를 끝까지 지켜주기 위해 공부를 시작했고, 고객의 권리를 지켰다.

그리고 고객은 말했다.

> "보험금 받는데 이렇게까지 신경 써주는 설계사는 처음이에요."

그날 이후 나는 계약보다 보상을 먼저 떠올리는 설계사가 됐다.

보험의 가치는 약속의 순간이 아니라, 약속을 지켜내는 순간에 완성된다.

그 말 한마디에 지난 시간의 진심이 모두 전달된 듯했다. 드디어 내 설계의 기준과 원칙이 인정받는 순간이었다. 보상은 고객의 권리를 지켜주는 일. 나는 그 완성을 위해 언제나 고객 곁에 있을 것이다.

좋은 보험은 판매로 완성되지 않는다. 가장 힘든 순간, 고객 곁을 지키는 태도. 그것이 바로 설계사의 진짜 실력이고 책임이다.

6. 선한 영향력은 나눌수록 커진다

혼자 잘하는 사람이 아니라, 함께 성장하는 사람으로 나는 단지 보험 영업만 '잘하는 사람'이 되고 싶지 않았다. 그보다 더 큰 바람이 있었다.

"이 보험업이 사람들에게 선한 영향력을 줄 수 있다"는 것을 직접 증명해 보이고 싶었다. 그래서 나는 보험방송 전문가로 활동을 시작했다. 보상의 중요성과 제대로 된 상품 선택의 기준을 더 많은 사람들에게 알리고 싶었다.

보험을 설명할 땐 절대 가볍게 말하지 않는다. 고객 한 사람 한 사람의 사정과 상황을 고려하며 단어 하나, 문장 한줄에도 책임과 태도를 담아 전하려고 노력했다. 사람의 인생을 함께 설계하는 그 마음을 말에 싣고 싶었다.

그러다 보니, 같은 설계사들에게도 조금씩 목소리를 내기 시작했다. "이 일을, 진심으로 하고 싶은 분들과 함께 나아가고 싶습니다."

세일즈 코칭 전문가 과정을 수료하고, 진정성 있는 공감 대화법과 제안 기술까지 새롭게 배워나갔다.

후배 설계사들에게 단지 보험 상품 판매 기술을 가르치기보다는 '이 일을 왜 시작했는가' "이 일이 당신에게는 어떤 의미 인가요" 를 함께 나누는 멘토가 되고 싶었다. 보험은 결국 사람에게 배우는 일이다. 그래서 나는 매일 누군가에게 배우고, 또 누군가에게 전한다. 나의 경험은 또 다른 사람의 시작이 된다.

내가 먼저 걸어온 길, 그 안에서 깨달은 것들을 누군가에게 잘 전해줄 수 있다면 그것이야말로 선한 영향력이 될 테니까.

보험을 통해 사람들의 미래를 지켜주고, 그 미래를 지켜주는 설계사들과 이 보험시장을 아름답게 만들어 이 일을 오래도록 사랑하고 싶다.

7. 오늘보다 더 큰 내일을 설계하는 사람

지금도 보험업을 '블루오션'이라 부를 수 있는 이유, 누군가는 보험업을 포화 시장이라 말하지만, 나는 지금도 이 일이 가장 큰 가능성을 품고 있는 비즈니스라고 확신한다. 그 확신으로, 2023년 나는 드디어 내 이름을 건 보험대리점 지사를 열었다.

누구보다 진심으로 이 일을 해왔기에 이제는 내 기준과 원칙으로 함께 성장할 수 있는 조직을 만들고 싶었다.

지사를 열고 나서 가장 많이 들은 질문이 있었다. "지금 이 시기에, 왜 보험 지사를 오픈하셨어요?"

그럴 때마다 나는 말한다.

"지금이야말로 보험업을 시작할 최고의 타이밍입니다."

AI가 데이터를 분석하고, 자동화가 프로세스를 줄이는 시대. 하지만 가장 중요한 결정은, 여전히 사람의 몫이다. 보험은 기술이 아니라, " 신뢰 " 로 완성되는 일이다. 그 신뢰는 함께한 시간, 말의 무게, 그리고 기억해주는 마음에서 만들어진다. 즉, 누구나 할 수 없는 절대 공감이 필요하기 때문이다.

나는 이제 단지 보험 설계사가 아니라 비전을 설계하는 사람이 되고 싶다.

함께 일하는 동료들이 "이 일이 내 인생을 바꿨어요"라고 말할 수 있도록. 후배 설계사들이 "선배님처럼 되고 싶어요"라고 말할 수 있도록. 그리고 나 자신에게 "이 길을 선택하길 참 잘했다"라고 언제나 말할 수 있도록 말이다.

보험의 미래는 사람에게 있다.

이제 나는 숫자로 증명되지 않는 가치를 믿는다. 그것은 "신뢰" 라는 자산이다.

보험업의 블루오션은 새로운 시장이 아니라, '사람을 향한 태도'에서 시작된다.

나는 오늘도 더 큰 내일을 설계하며, 이 길 위에 나의 믿음을 계속 쌓아간다.

숫자는 결과를 남기지만, 진심은 사람을 남긴다.

그래서 나는 오늘도 사람을 향해 보험을 한다.

보험, 진심이 사람을 향할 때 완성된다.

이메일 : gio0417@naver.com
연락처 : 010-4112-8930

● 주요 활동
현) ㈜IFC그룹 우주지점장 & 사내강사
2014 에이플러스에셋 부지점장 & 사내강사
2011-2014 ING생명 신인상 및 MDRT 달성
NBN(내외경제TV) 경제방송 보상 전문 강사
지자체 주관 숨은보험금찾기 세미나 (충청·전라권) 강사
정형외과·피부과·산부인과 전문 보험 자문가

한지호

숨은 보험금을 찾는 사람
보상 전문가의 차별화된 길

1. 영업의 정점을 찾아 떠난 여정
   MDRT 연차총회, 내 삶의 분기점
   영업은 하루가 한 달을 바꿀 수 있는 직업

2. 아무도 가지 않은 길, 보상에서 길을 찾다
   "아무도 하지 않는 일을 하자"
   보상 노하우가 만들어준 나만의 시스템

3. 고객의 권리를 끝까지 찾아주는 사람
   숨은 보험금, 놓친 청구를 되살리다
   가입보다, 유지보다, 결국은 청구

4. 신뢰는 관계로 남는다
   소개로 이어지는 인연의 고리
   내 고객의 가족까지 책임지는 일

5. 보험, 숫자가 아니라 사람입니다
   숫자보다 마음을 남기는 일
   든든함을 남기는 설계사가 되기 위하여

한지호

"든든한 보상 파트너, 신뢰를 회복하는 설계사"

　보험은 가입보다 청구가 더 중요하다는 믿음으로, 보상과 숨은 보험금 청구라는 '아무도 가지 않던 길'을 개척해온 보험 전문가다. 고객의 권리를 끝까지 찾아주는 일에서 신뢰를 쌓아왔으며, 방송과 지자체 세미나, 병원 자문 활동을 통해 전문성과 영향력을 넓혀가고 있다. 숫자가 아니라 마음을 남기는 설계사로, 고객의 삶과 관계에 든든함을 더하는 동반자가 되고자 한다.

숨은 보험금을 찾는 사람
보상 전문가의 차별화된 길

누군가는 보험 설계사를 숫자와 계약의 직업으로 생각하지만, 한지호에게 보험은 '사람의 권리를 끝까지 지켜주는 일'이었다.

2011년 ING생명 신인상을 시작으로, MDRT 무대에서 전 세계 상위 1% 설계사들과 교류하며 배운 그는 남들과 다른 길을 선택했다. 바로 '보상'이라는, 누구도 잘 다루지 않던 분야였다.

숨은 보험금, 놓친 청구를 찾아내 고객의 권리를 되살려주며, 그 과정에서 신뢰는 단단히 쌓여갔다.

이제 그는 방송과 지자체 강의, 병원 자문까지 활동 영역을 넓히며 보험을 넘어 '든든한 삶의 동반자'로 자리 잡고 있다. 그래서 오늘도 한지호는 말한다.

> "보험은 가입이 아니라, 끝까지 책임지는 일입니다."

1. 영업의 정점을 찾아 떠난 여정

MDRT 연차총회, 내 삶의 분기점

처음 MDRT라는 이름을 들었을 때, 그건 나와는 거리가 먼 세계처럼 보였다. 하지만 20대의 젊은 나이에 처음 그 무대를 밟았을 때, 나는 내 삶이 바뀌고 있음을 느꼈다.

전 세계에서 모인 상위 1% 설계사들은 각자의 고객, 각자의 방식으로 사람들의 삶을 설계하고 있었다.

나는 빼곡히 노트를 채우며 그들의 이야기를 내 것으로 삼으려 했다. 그러나 곧 알았다. 남의 방식을 흉내 내서는 오래 갈 수 없다는 것을. **결국 나만의 길을 만들어야 한다는 것을.**

그 깨달음은 두려움보다 가능성을 남겼다. 영업은 하루가 한 달을 바꾸는 직업이었다. 짧은 시간에 몰입하면 남들이 몇 달 동안 거둔 성과를 뛰어넘을 수도 있었다.

그 불확실성과 가능성 속에서 나는 '사람이 원하는 것을 읽고, 해답을 제시하는 힘'을 진짜 영업의 본질로 새겼다.

MDRT는 단순한 자격이 아니었다. 내가 어떤 설계사가 되어야 하는지 알려준 무대였다. 영업의 정점은 숫자가 아니라, 사람의 마음을 읽는 힘이라는 것을 그곳에서 배웠다.

영업은 하루가 한 달을 바꿀 수 있는 직업

영업의 세계는 언제나 예측할 수 없었다. 어떤 날은 단 한 건의 계약으로도 한 달의 성과를 뛰어넘을 수 있었고, 또 어떤 날은 하루 종일 뛰어다녀도 아무 성과 없이 돌아와야 했다. 나는 20대에 이 일을 시작하며 그 불확실성과 가능성을 누구보다 크게 느꼈다.

경험도, 인맥도, 특별한 배경도 없었기에 남들보다 훨씬 더 절박한 하루하루였다. 그저 배우고 버티며 살아남는 것, 그것이 내가 할 수 있는 전부였다. 하지만 MDRT에서의 경험은 내게 두려움보다 가능성을 보게 했다. 영업은 단순히 노력한 만큼의 결과가 똑같이 돌아오는 구조가 아니었다.

때로는 하루가, 단 한 번의 만남이 내 인생의 방향을 바꾸기도 했다. 그래서 나는 알게 되었다.

이 직업에서 중요한 건 '얼마나 오래 버텼느냐'가 아니라, '얼마나 깊이 집중한 하루를 보냈느냐'였다. 그 하루가 쌓여 한 달을 바꾸고, 그 한 달이 결국 내 커리어를 만든다는 것을.

고객 한 사람에게 온전히 몰입한 하루는 때로는 수많은 소개와 신뢰로 이어졌다.

숫자만을 좇는 하루는 결국 지치고 소진되는 하루로 끝나곤 했다. 그래서 나는 점점, 사람의 마음을 남기는 하루에 집중하게 되었다.

영업의 무게는 하루에 달려 있다. 그 하루가 헛되지 않으려면 숫자가 아니라 마음을 남겨야 한다.

나는 오늘도 하루의 무게를 고객의 신뢰 위에 올려두려 한다.

2. 아무도 가지 않은 길, 보상에서 길을 찾다

"아무도 하지 않는 일을 하자"

MDRT 무대에서 돌아온 뒤, 나는 오랫동안 스스로에게 질문을 던졌다. "남들이 하지 않는 일을 한다면, 그 길은 나를 어디로 데려갈까?" 20대의 어린 나이에 보험 영업을 시작했지만,

나는 누구처럼 거리에서 문을 두드릴 용기도, 오랜 인맥을 기반으로 한 텃밭 영업도 할 수 없었다.

그렇다고 무작정 소개를 바라며 기다릴 수만은 없었다.

장고 끝에 내린 결론은 단순했다. **"아무도 하지 않는 일을 하자."** 그 선택은 보상이었다. 대부분의 설계사들이 꺼리는 영역, 보험을 가입할 땐 반짝 관심을 보이지만 막상 보험금을 청구할 때는 책임을 피하곤 하는 영역. 나는 그곳에 눈을 돌렸다. 처음에는 서툴고 더뎠다.

후유장해, 특약 청구, 실효된 증권… 낯선 단어와 복잡한 규정 속에서 며칠씩 씨름해야 할 때도 있었다. 그러나 고객에게 보험금을 돌려주던 그 순간, 나는 확신했다. 이 길이야말로, 나만의 영업 방식이 될 수 있음을.

> 보험은 가입이 전부가 아니다. 끝까지 책임지고, 끝까지 함께해야 비로소 완성된다. 나는 그 완성을 보상에서 찾았다.

보상 노하우가 만들어준 나만의 시스템

보상을 공부하며 쌓인 경험은 곧 나만의 시스템이 되었다. 청구를 도와준 고객들은 "계약은 다른 설계사에게 했지만, 보상은 한지호 설계사가 챙겨주었다"라며 가족과 지인들을 소개해주었다.

소개받은 고객에게는 더 큰 책임이 따른다.

나를 신뢰해준 사람에게 누가 되지 않으려면, 더 꼼꼼히 살피고, 더 정성껏 챙겨야 했다. 그 과정에서 자연스럽게 '보상 전문 설계사'라는 이름이 붙었다. 보험 업계에서 보상은 늘 뒷전이었다.

그러나 나는 알았다. **보상은 고객에게 가장 직접적으로 와 닿는 순간이라는 것을.**

그 한 번의 청구 경험이 그 사람의 평생 보험 이미지를 바꾸기도 했다. 이제는 방송에서도, 지자체 세미나에서도 나는 '보상 전문가'로 불린다. 남들이 외면했던 길을 선택했을 뿐인데, 그 길은 나를 누구보다 단단한 설계사로 만들어주었다.

> 보상은 숫자가 아니다. 그건 고객의 권리를 끝까지 붙잡아주는 마음이다. 그리고 그 마음에서 나만의 길이 시작되었다.

3. 고객의 권리를 끝까지 찾아주는 사람

숨은 보험금, 놓친 청구를 되살리다

보험 일을 하면서 가장 안타까운 순간은 고객이 받을 수 있었던 보장을 놓치는 것을 볼 때다.

한 번은 이런 일이 있었다. 예전에 교통사고를 당해 수술과 재활치료까지 받았던 고객이 있었다. 그러나 병원 사무장에게 잘못된 안내를 받아 자동차보험 합의를 터무니없이 적게 하고 끝내버렸다.

그 뒤 남은 건 아쉬움뿐이었다. 나는 그 이야기를 듣고 다시 증권을 살폈다.

다행히 2009년 이전에 가입한 상해의료비 특약이 있었다. 그 특약을 통해 당시 입원 치료비중 상당 부분을 추가로 받을 수 있었다. 고객은 오랫동안 억울했던 마음이 풀렸다며 "이제야 제대로 된 보상을 받았다"고 말했다. 또 다른 고객은 임플란트 치료 때문에 찾아왔다.

치아보험 가입이 불가능한 상황이라 아쉬워했지만, 나는 과거에 가입해둔 생명보험 속 특약을 찾아내 임플란트당 150만 원씩 보험금을 받을 수 있도록 했다. 치아보험이 아니었지만, 결과적으로 더 든든한 혜택을 누리게 된 것이다. 그리고 또 한 번은 실효된 증권을 살펴보다 이미 암 진단을 받았던 고객이 놓친 진단금을 되찾아주기도 했다.

"이건 끝난 줄 알았어요"라던 고객은 추가로 3천만 원의 보장을 받았다. 그 순간, 단순한 금액 이상의 감정을 나는 느꼈다.

숨은 보험금은 단지 돈이 아니라, 고객의 억울함을 덜어주는 길이라는 것. 나는 그 사실을 몸으로 배웠다.

보험금은 계좌에 찍히는 숫자가 아니다. 그건 그동안 외면당했던 마음을 위로하는 손길이다. 나는 오늘도 숨은 권리를 찾아 그 마음까지 되살려주고 싶다.

가입보다, 유지보다, 결국은 청구

보험은 흔히 가입과 유지에 초점을 둔다. 좋은 상품을 추천하고, 제때 보험료를 내며, 계약을 지켜가는 것. 물론 그것도 중요하다. 하지만 나는 일하면서 알게 되었다. **진짜 중요한 건 결국 '청구'라는 것.**

아무리 좋은 보장을 담아도 청구하지 못하면 무용지물이다. 아무리 오래 유지해도 제대로 챙겨주지 않으면 권리는 사라진다. 그래서 나는 고객이 보험을 떠올릴 때 '계약'이 아니라 '청구'를 먼저 생각하길 바란다.

보험을 필요로 하는 순간은 삶이 가장 불안하고 약해진 순간이기 때문이다.

그때 누군가 옆에서 끝까지 도와주지 않는다면 보험은 차갑고 낯선 숫자에 불과하다. 나는 그 곁에 있고 싶다. 청구라는 마지막 순간까지 책임지는 설계사로.

보험은 가입으로 시작하지만, 진짜 가치는 청구에서 완성된다. 그래서 나는 오늘도 계약보다 고객의 권리를 지켜내는 일에 더 마음을 쏟는다.

4. 신뢰는 관계로 남는다

소개로 이어지는 인연의 고리

보험 영업을 하며 가장 자주 듣는 말이 있다. "계약은 다른 사람에게 했지만, 보상은 한지호 설계사님이 도와주셨어요." 나는 보상 청구를 돕는 일을 오래 하면서 많은 고객을 직접 가입시킨 것이 아니라, 소개를 통해 만나게 된 경우가 많았다.

청구 과정에서 신뢰를 얻으면 그 고객은 자연스럽게 가족과 지인을 소개해주었다. 한 번은 보상을 도와드린 고객이 "제 동생도 꼭 한번 만나보세요"라며 동생을 데려왔다.

또 다른 고객은 부모님의 보험을 가져와 "이것도 한 번만 봐주실 수 있나요?" 하고 부탁했다. 소개가 또 다른 소개로 이어지며 내 고객의 범위는 점점 넓어졌다. 소개는 단순한 영업 기회가 아니었다.

그건 '이 사람이라면 내 가족을 맡길 수 있다'는 깊은 신뢰의 표현이었다. 그리고 그 신뢰가 내 일을 더욱 단단하게 만들었다.

보험은 상품이 아니라 관계에서 시작된다. 관계가 신뢰로 이어지고, 신뢰가 다시 새로운 인연을 부른다. 나는 그 고리를 소중히 지켜가고 싶다.

내 고객의 가족까지 책임지는 일

고객을 만날 때마다 나는 스스로에게 묻는다. "이 사람이 내 가족이라면, 어떤 설계를 해줄 수 있을까?" 보상 청구를 도와드린 고객이 자녀나 부모를 소개할 때마다 나는 그 무게를 더 크게 느낀다. 누군가에게 가족은 가장 소중한 존재이기 때문이다.

그래서 상담 자리에서는 상품보다 삶의 맥락을 먼저 듣는다. 가족의 건강 상태, 앞으로의 계획,

과거의 아픈 경험까지. 그 모든 이야기를 바탕으로 설계를 다시 그려낸다. 보험은 단지 한 사람의 계약으로 끝나지 않는다. 그 사람의 가족, 삶, 그리고 미래까지 연결된다. 내 고객의 가족까지 책임 질 수 있을 때, 비로소 진짜 설계사가 된다고 믿는다.

신뢰는 계약서 위에 남지 않는다. 사람과 사람 사이에, 가족과 가족 사이에 남는다. 나는 그 신뢰를 지키는 설계사로 살아가고 싶다.

5. 보험, 숫자가 아니라 사람입니다

숫자보다 마음을 남기는 일

보험 일을 오래 하다 보니 고객들이 진짜 원하는 것이 무엇인지 알게 되었다. 그들이 입버릇처럼 말하는 건 늘 같다. "금액도 중요하지만, 사실 제 마음을 알아주셔서 고마워요." 나는 수많은 보상 청구를 도와왔다. 억울하게 놓쳤던 보험금을 찾아주기도 했고, 실효된 증권 속에서 진단금을 되살려주

기도 했다. 하지만 시간이 지날수록 더 분명해졌다.

고객이 기억하는 건 '얼마를 받았는가'가 아니라 '누가 내 이야기를 끝까지 들어주었는가'였다. 청구 과정에서 마주한 고객들의 표정은 단순히 돈 문제로 설명되지 않았다. 누군가는 오랫동안 방치된 억울함이 있었고, 누군가는 설계사가 자주 바뀌며 제대로 관리받지 못한 외로움이 있었다. 내가 한 일은 청구를 진행한 것뿐이지만, 그 순간 고객은 "이제야 누군가 내 편이 되어줬다"는 위안을 얻는 듯 보였다.

숫자는 금방 잊힌다. 그러나 마음을 헤아려주는 경험은 오래 남는다. 내가 하는 일의 본질은 결국

보험금을 받게 해주는 일이 아니라, 그 과정에서 고객의 마음을 다시 세워주는 일이라는 걸 나는 매번 깨닫는다.

보험금은 언젠가 다 쓰인다. 하지만 그때 받은 위로와 신뢰는 평생 마음에 남는다. 나는 오늘도 숫자가 아닌 마음을 남기는 설계사가 되고 싶다.

든든함을 남기는 설계사가 되기 위하여

사람마다 기억 속에 남는 이가 있다. 짧게 스쳤지만 오래도록 든든함으로 남는 사람. 힘든 순간 먼저 떠올릴 수 있는 사람. 나는 보험 설계사로서 그런 사람이 되고 싶다. 보험은 보이지 않는 시간에 대한 약속이다.

오늘은 아무 일 없어도, 언젠가 찾아올 위험 앞에 함께 서는 일. 그래서 고객보다 더 오래 고민하고, 더 많은 시나리오를 준비해야 한다. 어느 날, 한

고객이 계약을 마치고 이렇게 말했다.

"앞으로 무슨 일이 생겨도, 먼저 연락할 사람이 생긴 것 같아요."

그 말은 내게 가장 큰 보상이었다. 보장 금액보다, 특약의 조합보다, 결국 고객의 마음속에 남는 건 '든든한 사람'이었다.

<u>보험은 숫자가 아니라 사람이다. 나는 오늘도 고객의 마음을 지켜내며, 그들의 삶에 든든함으로 남고 싶다.</u>

이메일 : Chakanbohum@naver.com
연락처 : 010 8258 7382

● 주요 활동
현) 영진에셋 잠실스타 사업단 단장
2025 삼일회계법인 Tax Advisory 과정 수료
2024 서울대학교은퇴전문가과정수료
2022 영진에셋 잠실스타 사업단 오픈 및 단장취임
2017 에이플러스에셋 코엑스사업단 오픈 및 조직흡수
2015 에이플러스에셋 대한사업단 오픈 및
　　　최연소 30세 단장취임

류재민

성공은 매력적인 사람이 됨으로써 이룰 수 있다
인구 2만 7천 명 시골에서 강남까지

1. **걸어야 승부가 난다**
   - 영업은 기세
   - 티핑포인트
   - 열심히가 아니라 집중력
   - 영업은 시스템

2. **나에게 있어 귀중한 의인들과 영업노하우**
   - 200명을 소개해준 평생은인
   - 영업은 고객에게 배운다
   - 위기 때, 절박함이 나를 바꾼다

3. **영업의 시너지효과**
   - 고객과의 접점을 늘려라
   - 고객에게 미안하게 만들어라

4. **조직에 인생을 걸다**
   - 강남에 꿈에 그리던 첫 사업단
   - 성장통(조직이탈)
   - 버텨라, 살아남는 놈이 강한 놈이다

5. **성장확대**
   - 조직흡수 기회
   - 안정된 영업관리자보다 설계사들이 대우받을 수 있는 곳으로
   - 이젠 더 큰 꿈으로 전진

"시골촌놈에서 강남 최연소 사업단장까지, 열정의 파이터"

    65만명의 설계사 중 얼마나 많은 이들을 아우를 수 있는 리더가 될 것인가를 고민하며 끊임없이 성장해가는 설계사다. 보험은 인생이고, 삶이고, 사랑이라는 철학으로 양심을 걸고 책임감을 가지며, 하늘을 우러러 부끄럽지 않도록 고객들의 인생을 자세히 세밀하게 살펴보고 있다. 2011년 ING생명에서 시작해 최연소 30세에 에이플러스에셋 대한사업단을 오픈하는 등 빠른 성장을 이루며, 대한민국 보험시장의 세대교체 시기에 엄청난 기회를 만들어가고 있다.

성공은 매력적인 사람이 됨으로써 이룰 수 있다
인구 2만 7천 명 시골에서 강남까지

인구 2만 7,000명의 작은 시골에서 대학시절 부모님 사업의 성공과 실패를 두 눈으로 목격했다.

새벽에 빨간 경매 딱지가 붙기 전 집에 있는 가구라도 살려보려고 교회 사람들과 집에 있는 모든 물건들을 지인의 창고로 옮겼던 영화 같은 상황.

9월 차가운 새벽 이슬을 맞으며 이런 상황에서 내가 집안을 일으키면 흥미진진하겠다는 생각을 하며, 그 중심에서 삶을 더 열심히 살기로 다짐했다.

집안 사정을 아랑곳하지 않고, 재수를 시켜달라고 부모님에게 응석을 부리던 내가 이제는 가장이 되어 집안을 일으키고 성공하는 나의 모습을 상상한다. 이 카타르시스, 지금은 아니지만 생각만 해도 기분 좋은 감정이다.

어려운 상황에서 항상 안 되는 이유 100가지보다 되는 이유 1가지를 찾으려고 노력했기에 좋은 행운들이 조금씩 찾아왔다고 생각한다.

군장교 생활과 대학원 생활을 병행하며 꿈을 키워온 나는, 군생활하며 모아둔 3,000만원으로 미국 MBA 진학이라는 큰 목표를 세우고 신림동 반지

하에서 인생을 건 도전을 시작했다.

그러나 2년 후 나는 목표를 이루지 못하고, 저 높고 푸른 하늘 위에 있는 구름이 어디론가 정처없이 지나가는 것처럼 "내 인생도 저 구름과 같은가?"라는 생각을 하며 인생의 물음표들을 계속 느끼고 있었을 때였다.

그러던 중 ROTC 동기에게 보험세일즈를 제안받고, 딱 하루 고민하고 나의 보험인생이 시작되었다.

1. 걸어야 승부가 난다

영업은 기세

보험영업을 시작하기로 마음먹은 2010년 11월 즈음. 영등포 타임스퀘어 교보문고에 앉아서 30일 정도 영업 세일즈 관련 책들을 20권 정도 읽었다. 브라이언 트레이시 관련 서적을 가장 많이 봤다. 책을 읽고 나니 자신감도 생기고, 대한민국 오천만 명 중 천만 명은 내 고객으로 만들겠다는 헛된 자신감이 넘쳐흘렀다.

영업 시작 첫 달은 친인척, 가족 등으로 시작했으며, 매주 월요일은 약속 잡는 날로 전화통화를 붙들고 회의실에 들어가서 일주일 약속을 다 잡을 때까지 계속 전화하는 방향으로 스스로 루틴을 잡았다.

첫 달은 정말 가장 힘든 한 달이었다. 군생활 2년, MBA공부 2년 총 4년 정도 인맥관리도 못했던 상황에 보험세일즈를 시작한 터라 영업시작 첫날 휴대폰에 있는 300명의 연락처를 통해 연락을 잡은 사람이 딱 2명, 그중에 한 명은 왜 보험일을 시작했냐고, 안 했으면 좋겠다고 말을 듣기도 했다.

나는 1만 시간의 법칙이 무엇보다 중요하다고 생각했고, 그렇게 하기 위해 시간을 아끼는 방법을 고민했다. 그 첫 번째로 신림에서 회사 바로 앞으로 이사를 했다. 두 번째는 저녁 11시 전까지는 일하자. 세 번째는 월,화,수,목,금,토, 일요일 오후 까지 일하자였다.

일단 처음 시작하는 것이니, 남들 3년에 할 것을 1년 만에 다 해내자라는 생각으로 정말 완벽하게 올인했다. 정말 나는 보험세일즈 아니면 없다, 나에게 절대 물러서는 것은 없다는 마음으로 전진했다.

방법도 잘 모르고 상품도 처음에는 익숙하지 않았지만 집중하니 점차적으로 나아졌고, 나를 믿어주고 신뢰해주는 사람들이 생겨났다. 일에 대한 습관과 열정을 계속 키워나가기 위해 매주 3W를 놓치지 않고 70주 정도 꾸준하게 진행했다.

2012년 1월 초에 2011년 연간 시상식에서 연간건수챔피언이 되어서 단상에서 눈물을 흘렸던 나의 모습이 생각난다. 1년 동안 나를 많이 도와줬던 고객님들께 너무 감사했고, 고마웠다.

티핑포인트

물방울로 바위를 쪼갤 수 있을까? 첫 물방울로는 불가능하지만, 1만 번째 물방울은 가능할 수도 있다.

한 번의 엄청난 노력이 아니라 작지만 지속적인 노력이 나를 변화시킨다. 적금과 생명보험 손해보험 기초적인 지식밖에 모르던 내가, 이제는 후배를 가르치는 선배로 자리를 하고 나서 조금씩 성장했다.

우리팀원들은 ROTC 동기로 이루어진 팀으로 인생 걸고 도전하고 있다는 적극적인 마인드로 매사에 임했다. 내부 스터디도 군대에서 했던 연구강의처럼 각자가 준비해서 발표하는 형태로 진행했다.

강의를 스스로 준비하다 보니 말하는 것도 좋아지고, 내용에 대한 이해가 높아졌고, 나만의 화법이 만들어졌다. 정말 스터디 덕분에 우리가 짧은 기간 동안 많이 성장했다.

또한 팀원 대부분이 3W를 하고 있던 상황이라 청약 업무, 언더라이팅, 고지의무, 보험금 면책 사항에 대해 정말 디테일하게 파고들어 누구보다 강력한 지식을 가질 수 있게 되었다.

열심히가 아니라 집중력

군 장교로 복무하면서 운 좋게, 사단지휘통제실에서 상황장교를 하면서 사단장님과 원스타, 대령 분들을 지근거리에서 많이 보아왔다. 3일 근무 중 하루는 밤을 새는 당직근무를 같이 서는데, 상급자분들이 항상 격려차원에서 후배들에게 잘하고 있냐고 물어보시는데, 이때 열심히하겠다고 한다면 대부분 상급자들은 열심히가 아니라 잘해야 한다고 했던 게 생각난다.

무언가 각박하다고 느낄 수 있지만, 어찌되었든 우리는 잘해야 된다. 운동도, 노래도, 공부도, 일도 그래야 사람들이 관심을 가지고 류재민이라는 사람을 "야 이 친구 괜찮네, 열심히 살고, 일도 잘하고 뭐든 잘해"라고 좋은 이미지를 줄 수 있기 때문이다.

나는 처음부터 잘하는 스타일은 아니지만, 노력으로 점차 극복을 해나가는 스타일이다. 보험 세일즈도 마찬가지로 첫 달이 가장 어려웠고, 일은 점차 적으로 좋아졌다.

영업은 시스템

영업은 시스템이라고들 하는데 처음에는 무슨 말인지 몰랐다. 3차월 6차월 시간이 지나면서 해야 될 고객업무도 많아지다 보니 처음에는 팀 비서를 사용하다가 6차월부터 바로 개인비서를 고용해서 일을 하기 시작했다.

누군가 고용한다는 것은 내가 그 사람의 시간을 사서 내 사업에 쓰는 것이니, 경비가 아깝다고 생각하지 않고, 적극적으로 일을 만들어 나갔다.

매달 고객님들께 DM을 발송하고, 보험금청구업무, 비서를 통해서 기존고객님께 안부전화, 애로사항 콜 등 고객님들과 나 또한 직접적으로 소통하지만 비서분들도 직접적으로 소통해서 양방향으로 커뮤니케이션이 될 수 있게 만들었다.

또한 고객님 생일에는 내 사진이 들어간 엽서와 미역선물, 이메일, 문자, 전화 5가지 방법으로 한 분에게 터치가 되도록 진행했다.

생일관리 시스템을 통해서 고객분들이 많이 좋아했고, 챙겨줘서 너무 감사하다고 말씀했다. 가족들 생일날 미역을 몇 년 동안 보내준다고 하면서 소개도 많이들 해주었다.

2. 나에게 있어 귀중한 의인들과 영업노하우

200명을 소개해준 평생은인

평생 제대로 이야기를 나누어 본 사람이 아니었고, 구례라는 시골 옆동네 후배 아버지였다. 그런데 그분께서 저에게 200명이 넘는 분들을 소개해주었다. 참 신기하고도 감사한 인연이다.

나는 1년 동안 차가 없어서, 구례에 내려오면 아버지 차량을 이용해서 영업활동을 했는데, 나의 차량을 타고 전국 방방곡곡 키맨이신 삼촌의 지인들과 형제자매들을 소개해주셔서 많은 분들이 고객이 되어주었다.

감사한 그분은 이근호삼촌이신데, 정말 말씀도 유쾌하게 잘하시고, 정말 꼼꼼하고 디테일한 분이다. 나에게 보험을 소개해주시기 전에 TM으로 알게 된 분에게 무려 150건의 계약을 소개해주었다.

근호삼촌은 30대에 교통사고로 목 신경을 다치셔서 그 뒤로 장해 1급으로 살아가고 계셨다. 그래서인지 보험의 중요성을 누구보다 잘 알고 있었고, 몸이 불편한 상황에 지인분들을 위해 직접 보험 설계한 내용을 설명도 하고 안내를 자세히 하니 고객분들이 대부분 큰 거절 없이 계약을 해주었다.

너무나 감사하고 고맙게 생각해서, 어느 날 근호삼촌께 물었다. "삼촌, 궁금한 게 하나 있어요. 저에게 많은 분들을 소개해주셔서 너무 감사한데요. 저에게 소개를 많이 해주시는 특별한 이유가 있을까요?"

삼촌은 "너가 참 착하고 일도 열심히 하고 노력하는 모습이 좋아서 너가 정말 잘되었으면 좋겠다"라고 말씀하셨던 것이 기억에 남는다.

영업은 고객에게 배운다

나의 영업의 첫 번째 은인은 나를 보험세일즈에 입문하게 도와준 ROTC 동기인 양영석 친구다. 지금도 너무 감사하게 생각하고 있다.

두 번째 은인은 이근호삼촌이다. 나의 스케줄은 월화수는 서울, 목금토는 구례, 전라도 일정이었다. 매주 근호삼촌 댁에 방문 해서 시간을 함께 많이 나눴다. 저녁늦게까지 이야기를 나눌 때도 있었고, 새벽이 될 때도 있었다.

근호삼촌은 나에게 항상 표정관리, 친절하게 웃는 표정 짓기, 상세하게 자세히 설명해주기, 내 보험이다 생각하고 진짜 고객을 위해 설계해 줄 것을 항상 강조했다

그중에 표정관리에 대한 것은 정말 다양한 사례와 개념설명 등 수십 번 정도 들을 정도도 수도 없이 강조했다.

예를 들어 고객님분이 가입하고 싶다고 해서 상담을 다 했는데, 갑자기 "지금은 여유가 안 되서 다음에 할게요." 라고 하더라도 표정이 굳어지고, 인상을 쓰지는 것을 조심하라고 이야기하면서 그 순간 고객은 너의 얼굴표정을 보고 너를 테스트하는 것일 수도 있다고 했다. 항상 여유 있는 표정과 기분이 좋지 않더라도 포커페이스를 잘 유지하라고 당부했다.

위기 때, 절박함이 나를 바꾼다

2011년 열심히 영업을 해서 100명 지점원 중 건수 1등을 하게 되었다. 영업을 첫 시작할 때, 3W 52주, 지점건수 1등 두 가지 목표를 세우고 출발했는데, 연말이 되어서 정말 놀랍게도 두 가지를 달성하게 되었다.

그런데 2012년 1월부터 갑자기 영업이 힘들어지기 시작했다. 똑같이 영업 활동을 한다고 생각했는데, 고객님과의 상담들도 계속 뒤로 밀리고, 상담을 했는데 고민해보겠다고 하시고 내 영업이 조금씩 주춤하고 있었다.

나는 차량 이동 시 ING생명 선배님들의 음성파일을 자주 듣곤 했는데, 그때 똑같은 음성파일을 사실 20번은 넘게 들었는데, 갑자기 그 음성이 다르게 들리기 시작했다

"2년차 미만 FC들은 제가 했던 이 방식대로 똑같이 하면 반드시 결과가 달라집니다."

거제도에 고객을 만나러 가다가 영업이 왜 이렇게 힘들지 하고 느끼는 순간, 그 음성! 아 나도 의심하지 말고 똑같이 해봐야겠다고 생각했다.

그것은 바로 계약한 고객에게 증권전달 시 선물을 주고 소개장을 내미는 간단한 방법이었다.

소개장에는 소개의 의미와 소개자 3명 작성할 수 있는 공란이 있었다. 그리고 펜을 쥐어주며 가장 소중한 분 소개 3명 부탁드린다고 하면 작성해 달라고 하는 것이었다.

즉각 실행을 통해서 위기에서 벗어났고, 생각보다 많은 소개를 받을 수 있었다. 한순간 1년 동안 목표를 이루었다고 생각하고 적극성이 떨어졌던 나에게 소개장은 새로운 기회로 다가왔다.

3. 영업의 시너지효과

고객과의 접점을 늘려라

나의 영업 동선은 좋은 편이 아니었다. 지점은 금융의 메카 테헤란로 삼성역과 선릉역 사이에 있었고 나의 대부분 고객님들은 전라도, 그중 구례에 집중되어 있었다.

처음 영업을 할 때는 한 사람 한 사람 알아가면서 영업을 하게 되었는데, 어느 순간 고객이 늘어나다 보니, 내가 모르는 분인데 입소문을 통해 나를 알게 되는 상황들이 많이 생겼다. 그래서 여기서 사무실을 하나 만들고, 고객님들이 불편한 청구 업무, 못 받은 보험금 찾아주기, 기타 행정업무 처리 등을 도와주면 구례 보험 시장을 내 것으로 만들 수 있다고 생각했다.

바로 실행에 옮겼다. 회사에 건의를 해서 구례에 40평 사무실을 임대해서 보험금 청구 업무 대행할 수 있는 비서도 고용하고 업무를 시작했다.

우리의 사무실 위치도 잘 모르고, 나에 대한 존재감도 크지 않았기에 각 마을 이장님들을 찾아다니며, 8.15 광복절 행사에 맥주 1박스씩 전달해드리며, 마이크 잡을 기회를 달라고 요청드렸다. 그래서 매년 광복절 마을마다 돌아다니며 홍보활동을 할 수 있었고, 이를 통해서 인지도도 많이 올라가고 실제로 내방해서 상담을 요청해주시는 분들이 많이 늘어났다.

고객에게 미안하게 만들어라

우리 어머니께서는 구례 아모레 판매왕을 여러 번 하셨다. 처음에 화인화장품에서 시작하셔서 아모레로 이직하셨고, 2000년도 당시 월급이

600~800만원 정도 받으셨으니, 지금으로 환산하면 1500만원 수준이었을 것 같다.

어머니는 열심히 밤늦게까지 영업활동을 하시고, 어떻게 영업을 해오셨는지 직접 보았던 것이 도움이 많이 되었다.

어머니는 항상 집에서 김치를 담그실 때도 주요고객분들 것까지 준비했고, 식당을 하시는 고객분들은 바쁜 점심시간 때 직접 일을 도와주면서 고객과 신뢰를 쌓았고, 고객들에게 크지는 않지만 자주 선물을 하셨던 것 같다. 고객들에게 항상 선물하는 모습들을 많이 보았다.

내가 MBA를 안 가고 보험세일즈를 한다고 했을 때, 안 했으면 좋겠다고 하시면서, 마음먹었으면 포기하지 말고 무조건 성공하라고 했던 말이 생각난다.

어머니한테 영업에 대해 물어보았을 때, 어머니는 항상 고객님 집에 방문하거나 미팅할 때, 조그만 선물이라도 반드시 챙겨서 가라고 했다. 크든 작든 그게 중요한 게 아니고 그 사람을 위해 준비했냐 안 했냐가 정말 큰 차이라고 말씀했다.

4. 조직에 인생을 걸다

강남에 꿈에 그리던 첫 사업단

2015년 10월 1일 사업단장으로 위촉 계약을 체결했다. 나의 주변사람들과 친구들 그동안 함께 해오던 영업인들과 25명으로 시작되었다. 포스코 사거리에 80평 규모로 시작을 하게 되었다.

아침조회, 조직관리, 조직성장을 위해 나와 함께한 조직원들의 성공을 위해 함께 세미나도 하고, 개척도 하고, 동행 상담도 하고 수단과 방법을 가리지 않고 일에 몰두했다. 서울과 구례를 매주 왔다 갔다 두 개의 사무실을 관리하다 보니 관리의 공백도 생길 수 있어서, 교육매니저와 설계매니저도 고용해서 사업단을 잘 운영해 나갔다.

성장통(조직이탈)

2016년 초반에 사업단 안정적 운영을 위해 교육매니저를 고용해서 운용을 하고 있었다. 이분은 나의 고등학교 동창이었다. 머리가 똑똑하고 스마트한 친구였다. 그런데 나와의 스타일도 잘 안 맞고 워라벨을 추구하는 스타일이었다.

근무시간을 어기는 경우도 발생했고, 업무에 대해서도 제대로 설계사들을 지원하지 않는 업무태만의 모습들을 보여줘서 경고를 주었는데, 이 친구가 2개월 정도 사람들과 모의를 해서 5명을 데리고 다른 회사로 이직을 해버렸다.

심리적으로는 큰 타격을 받았다. 교육매니저는 나와의 트러블이 있었지만, 기존 설계사 5명도 함께 이탈이 생겨서 마음이 많이 힘들었다.

내가 부족했기에 발생했던 문제라고 생각하고 함께 있는 사람들에게 더 집중하고 더 성장할 수 있도록 서포트를 했다.

버텨라, 살아남는 놈이 강한 놈이다

잘 성장해 가다가 조금씩 영업이 어려워지는 분들도 생기고 무경력으로 입사했던 설계사분들이 회사를 그만두게 되어서 사업단 인원도 18명으로 전체인원이 눈에 띄게 줄어들게 되었다.

그래서 우리는 한 지붕 두 집 살기가 시작되었다. 소규모 인원이었던 우리 사업단은 다른 사업단의 일부자리를 쓰며 일을 해나가야 하는 상황까지 왔다. 그럼에도 불구하고 새로운 사람을 충원하고, 교육하고, 동행하고 하는 노력을 끊임없이 해가며 불굴의 의지로 인내력을 가지고 이어나갔다.

회사에서 사업단 통폐합 이야기도 오고가고 정신적으로 힘든 상황이었지만, 끝까지 버티고 전진했다.

5. 성장확대와 조직흡수 기회

강남본부장님이신 서종범 본부장님의 은혜로 내가 분할했던 모 지점 영업관리자분이 일을 그만두면서, 모 지점의 인원들까지 내가 맡아서 관리를 하게 되었다.

성실을 모토로 설계사분들 위해 한 발 더 노력한다는 생각으로 정성을 들이고 한 분 한 분 인간적으로 도움을 드렸다.

조금씩 리크루팅도 되고 잘되다 보니 2019년에는 에이플러스에셋에서 가장 영업을 잘한다는 강남본부에서 목표가 제일 높은 사업단이 되었다.

조직도 60명 가까이 되었고, 에이플러스에셋 장연선 전무님은 챔피언도 되었고, 사업단은 명실상부 에이플러스에셋의 중심에 우뚝서게 되었다.

안정된 영업관리자보다 설계사들이 대우받을 수 있는 곳으로

사업단도 계속 정상화되고 안정화가 되어 갔다. 새로운 사람들도 점점 들어오고, 우리사업단은 대부분이 무경력으로 수금디비와 지인들을 통해 영업을 해나가는 인원들이었다. 나름의 교육시스템을 가지고 집중적으로 케어하고 동반하고 안정적으로 성장을 시켜나갔다.

그러던 중 일부 인원들이 리치앤코에서 계약금을 받고 이탈하는 상황이 발생했고, 이때부터 회사의 수수료 구조에 대해 자세히 알아보고 영업인들의 복리와 급여에 대해 회사와 협상을 점차적으로 진행을 했었다.

그렇지만 상장사의 구조상 단점들도 계속 보이고, 회사의 큰 비전이 보이지 않아 고민은 점점 더 심해져 가게 되었다. 이에 큰 결단을 내리고 사업단 25명과 함께 영진에셋으로 전체 이동을 하게 되었다.

이젠 더 큰 꿈으로 전진

> 영진에셋으로 이직해온 지 어느덧 만 3년이 되어 가고 있다. 함께 일하고 있는 임원급 영업인분들과 모두가 만족해 하고 있으며, 더 큰 성장을 위해 열심히 뛰고 있다.

항상 부족한 단장을 믿고 함께 해준 잠실스타사업단 가족분들께 너무 감사드린다.

우리는 아직도 너무 젊고 보험시장의 세대 교체가 있는 지금 시점에 그 중심에 서서 대한민국 보험세일즈에서 큰 일을 할 사람이라고 생각한다.

 나와 함께하고 나와의 인연이 있는 사람들이 그러한 역할을 해줄 것이라 믿고, 더 멋지게 성장할 그날을 위해 오늘도 열심히 집중력있게 일하자.

이메일 : k0184243424@naver.com
연락처 : 010-4424-3424

● 주요 활동
현) 에이플러스에셋 충청본부 마케팅 상무
2025 에이플러스 어드바이저 골드수상 3W 2관왕
2024 에이플러스 어드바이저 골드수상
　　　6W 3W 3관왕
2023 에이플러스 어드바이저 브론즈 수상
2016 유퍼스트 지점장
변액보험 전문가

이현정빈

**소일거리에서 시작된 인생
변액 전문가의 20년 여정**

1. 소일거리를 찾아 나선 길: 육아맘의 첫 도전

2. 앙케이트 한 장의 힘: 개척영업의 첫걸음

3. 모르는 채로 받은 신인상: 성장의 첫 신호

4. SK생명에서 미래에셋으로: 변화 속에서 찾은 기회

5. 변액의 진실: 편견을 깨고 전문성을 쌓다

6. 전문성이 만든 신뢰: 한 건 한 건 소중히

7. 고객은 믿음이고 신뢰: 20년을 지켜온 철학

8. 앞으로도 고객의 편에서: 변하지 않을 다짐

"고객을 가족처럼 정직함과 꾸준함으로 도움되는 설계사"

    20년간 보험업계에서 활동해온 변액보험 전문가로, 소일거리로 시작한 보험업이 천직이 되어 고객의 인생 설계에 함께하는 든든한 동반자가 되었다. 특히 변액보험 분야에서 쌓은 깊이 있는 경험과 노하우로 고객들의 자산관리에 실질적인 도움을 제공한다. 개인의 성공에 머물지 않고 독거노인 반찬 봉사, 지역아동센터 간식후원, 적십자 후원 등을 통해 지역사회에 나눔을 실천하며, 고객의 보험뿐만 아니라 더 나은 사회를 함께 만들어가는 진정한 설계사로 활동하고 있다.

소일거리에서 시작된 인생
변액 전문가의 20년 여정

2002년,

연년생 남매를 어린이집에 보내고 집에서 뭔가 할 일을 찾던 평범한 엄마였다. 시간이 자유로운 일, 그것만이 조건의 전부였다.

주변에서는 S사를 말렸고, 아는 언니는 SK생명을 권했다. 아무것도 모르는 채로 명동 거리 영업소를 찾아간 그날이 20년 넘는 보험설계사 인생의 시작이었다.

화장품 가게를 운영하던 선배 언니의 말만 믿고 시작한 일이 지금은 변액 전문가로서의 확고한 정체성이 되었다.

앙케이트와 볼펜 하나로 시작한 개척 영업부터 미래에셋 인수 후 변액 전성시대까지, 그녀의 이야기는 '소일거리'가 어떻게 '인생의 일'로 자라나는지를 보여준다.

고객은 믿음이고 신뢰라는 철학 아래, 오늘도 그녀는 고객의 편에서 고객의 이익을 위해 일한다.

1. 소일거리를 찾아 나선 길: 육아맘의 첫 도전

4살, 3살 남매를 어린이집에 보내고 나면 하루가 참 길었다. 집안일만으로는 채워지지 않는 시간들.

무언가 해야겠다는 막연한 생각만 있었을 뿐 특별한 계획이나 목표는 없었다. 그저 '시간이 자유로운 일'을 찾고 있었다.

아이들을 4시에 데리러 가고, 4시 30분에는 퇴근해서 저녁 준비를 할 수 있는 일. 남편의 기분을 거스르지 않으면서도 내 몫의 무언가를 할 수 있는 일.

그때만 해도 '영업'이라는 말이 이렇게 내 삶의 중심이 될 줄은 몰랐다. 주변에서는 S사를 가지 말라고 했고, 화장품 가게를 크게 운영하는 선배 언니는 SK생명을 가보라고 했다.

명동 거리 영업소를 찾아간 그날, 직접 와서 입사 문의를 하는 내게 담당자는 이것저것 질문만 했다. 신용은 괜찮은지, 결혼은 했는지, 모든 게 궁금한 모양이었다.

그 순간 깨달았다. 이 일은 단순한 '소일거리'가 아니라는 것을. 신뢰를 바탕으로 하는, 사람과 사람 사이의 일이라는 것을.

1개월의 공부 끝에 시험에 합격하고 영업소에 출근하기 시작했을 때, 나는 이미 달라져 있었다.

소일거리를 찾던 엄마가 아니라 무언가를 배우고 성장하려는 '설계사 이현정빈'이 되어 있었다.

2. 앙케이트 한 장의 힘: 개척영업의 첫걸음

주변에 친구나 지인이 없던 타지로 온 상황. 개척영업에 모든 힘을 기울일 수밖에 없었다.

앙케이트와 볼펜, 그리고 오늘의 운세를 인쇄해서 하루 10집을 목표로 걸어다녔다.

명함과 볼펜을 드리며 나를 알리는 일. 갓 신입인 티를 내지 않으려 애썼지만 고객들은 나를 알아보는 듯했다.

그래도 포기하지 않았다. 하루 10집이라는 목표만큼은 비가 와도, 눈이 와도 지켰다.

첫 계약은 인쇄소에서 자녀 보험이었다. 두 번째 계약은 영업소에 대출 문의를 하러 오신 분.

그때 핫했던 모기지론을 설명해드렸더니 5년납 상품 100만원을 가입하고 가셨다.

그분은 지금도 고구마 농사를 지으시며 가끔 찾아뵈도 늘 반겨주시는 고마운 언니, 형부 같은 분이다. 20년이 넘는 시간 동안 변함없이 나를 신뢰해주시는 분.

그때 깨달았다. 앙케이트 한 장의 힘은 단순히 정보를 얻는 게 아니라 '처음 만나는 순간의 진심'을 전달하는 데 있다는 것을.

아침 8시 30분 출근해서 현장에는 10시 30분부터 나가 하루 종일 증권회수와 앙케이트를 받았다. 열심히 하니 앙케이트를 써주시던 상가 사장님들이 하나둘씩 가입해주셨다.

개척은 체력과의 싸움이지만 결국은 진심과의 만남이었다.

3. 모르는 채로 받은 신인상: 성장의 첫 신호

그 다음해, 연도 대상에 가보니 둥그런 원탁 팻말에 떡하니 '신인 동상'에 내 자리가 안내되어 있었다. 어리둥절했다.

내가 얼마큼 성적을 올렸는지도 모른 채 하루하루 열심히만 했을 뿐인데, 어느새 상을 받을 만큼 성장해 있었다.

그 순간 깨달았다. 성과는 의도해서 만들어지는 게 아니라 꾸준함이 쌓여서 자연스럽게 따라오는 것이라는 걸. 매일 10집씩 방문하고, 매일 고객과 진심으로 만나고, 매일 작은 약속들을 지켜나간 결과였다.

상을 받으면서도 부끄러웠다. 다른 설계사들처럼 전략적으로 계획을 세우고 실행한 게 아니라 그저 성실하게만 했을 뿐이었으니까. 하지만 그날 이후로 생각이 바뀌었다.

전략과 기법도 중요하지만 가장 기본이 되는 건 '매일의 성실함'이라는 것을. 고객 한 분 한 분을 소중히 여기는 마음이 결국 가장 강력한 영업 기법이

라는 것을. 신인상은 끝이 아니라 시작이었다.

이제 정말로 설계사답게 일해야겠다는 책임감이 생긴 순간이었다.

4. SK생명에서 미래에셋으로: 변화 속에서 찾은 기회

SK생명이 미래에셋으로 인수되면서 새로운 기회가 찾아왔다. 증권회사다 보니 변액 바람이 불기 시작했다. 보험사 저축보험을 판매하다 보면 은행보다 납입기간이 길고 해약 시 원금손실이 잦아서 고객들이 보험회사 목돈마련 상품을 기피하는 경우가 많았다.

그런데 미래에셋 행복만들기는 18개월에 10-15% 해지환급금을 맛보게 해주었다. 순간 번쩍했다. 기존 고객들을 다시 재가입시키고 가지고 계신 목돈을 맛보기로 3천씩 일시납에 가입해두었다.

3년이 지날 때쯤 수익이 20% 가까이 나서 다시 고객님의 목적자금으로 찾게 하고, 고마움에 고객님들은 다시 보장성과 목돈마련자금만들기를 가입하게 되면서 신뢰를 단단히 얻게 되었다.

변화는 위기가 아니라 기회였다. 새로운 상품과 시스템을 이해하고 고객에게 더 좋은 조건을 제공할 수 있게 된 것. 회사가 바뀌어도 고객과의 관계는 더욱 깊어질 수 있다는 걸 배웠다.

5. 변액의 진실: 편견을 깨고 전문성을 쌓다

"변액은 손해다", "변액 가입하면 망한다" 이런 편견은 아직도 많은 고객들이 가지고 계신다.

하지만 나는 변액의 진짜 모습을 안다. 변액은 펀드와 보험이 결합된 상품으로 일반 펀드와 확연히 다르다. 언제든지 리스크를 헷지할 수 있게 그렇게 설계되어 있다.

소개로 만난 고객의 증권을 보다가 2007년 이전에 가입한 수술비가 있어 치과 치료 중인 여성 고객님과 배우자인 남편을 수술비에서 각자 2천만원이 넘게 지급을 도와드렸더니 입소문으로 내 고객은 점점 늘어났다.

미래에셋에서 7년 경험으로 종합보험으로 이직하고 나니 보험 활동은 날개를 달았다. 어려운 시기에 배운 변액상품은 나의 필살기가 되어 있었다.

지금도 M사에 유지 중이신 고객님, 적립식 20% 38회 납입하시는 분, M사 일시납 3월에 5천 가입하신 고객님은 이자만 중도인출로 1천 찾아가셨다. 일시납 가입하신 유통업 하시는 고객님은 월납 300만원 가입 중이시다.

> 변액연금을 내가 좋아하는 이유는 고객에게 이익을 취하게 하고 신뢰를 바탕으로 보장성과 세대 관리를 통해 소개까지 연결되기 때문이다.

6. 전문성이 만든 신뢰: 한 건 한 건 소중히

미래에셋에서 7년을 보내고 종합보험으로 이직한 후, 정말로 날개를 단 것 같았다.

그동안 변액으로 손해를 보신 고객님들을 내가 모시겠다는 마음으로 한 건 한 건 소중히, 감사한 마음으로 최선을 다했다.

> 변액에 대한 깊은 이해와 경험이 고객들에게는 안전함으로 느껴졌나 보다. "이현정빈 설계사는 변액을 제대로 안다"는 입소문이 퍼지기 시작했다.

전문성은 하루아침에 만들어지지 않는다. 수많은 실패와 성공을 겪으며 상품의 본질을 이해하고, 시장의 흐름을 읽고, 고객의 니즈를 파악하는 모든 과정이 쌓여서 만들어지는 것이다.

그래서 나는 늘 배우려 한다. 새로운 상품이 나오면 가장 먼저 공부하고, 시장이 변하면 가장 빠르게 적응하려 한다. 고객보다 먼저 알고, 고객보다 깊이 이해해야 진짜 전문가라고 할 수 있으니까.

7. 고객은 믿음이고 신뢰: 20년을 지켜온 철학

보험설계사로 살아온 20년 넘는 시간 동안 변하지 않은 한 가지가 있다. "고객은 믿음이고 신뢰"라는 철학이다. 계약서에 사인을 받는 순간이 끝이 아니라 시작이라는 생각. 그 이후의 모든 순간들이 진짜 서비스의 시간이라는 마음.

20년 전 두 번째 계약을 해주신 그분이 지금도 고구마 농사를 지으시며 가끔 찾아봬도 늘 반겨주시는 것처럼, 진짜 관계는 시간이 흘러도 변하지 않는다.

고객님들이 어려운 일이 있을 때 가장 먼저 전화하는 사람이 되고 싶다.

보험 때문이 아니라 믿을 만한 사람이기 때문에 연락하는 그런 존재가 되고 싶다.

그래서 나는 늘 고객의 편에 선다. 회사의 이익보다 고객의 이익을, 내 실적보다 고객의 만족을 먼저 생각한다. 그것이 결국 나에게도 가장 큰 이익이 된다는 걸 20년의 경험이 증명해주었다.

8. 앞으로도 고객의 편에서: 변하지 않을 다짐

그동안 변액가입으로 손해를 보신 고객님들, 제가 모시겠습니다. 이것이 지금도 변하지 않는 나의 다짐이다. 세상은 빠르게 변하고 새로운 상품들이 끊임없이 나오지만, 변하지 않는 건 고객과의 신뢰다.

그 신뢰를 바탕으로 나는 여전히 고객의 편에서 고객의 이익을 위해 일할 것이다.

소일거리를 찾아 시작한 일이 이제는 내 인생의 중심이 되었다. 앙케이트와 볼펜 하나로 시작한 개척영업이 이제는 전문성을 인정받는 상담으로 발전했다. 하지만 변하지 않는 것이 있다. 매일 성실하게, 매 순간 진심으로, 한 분 한 분을 소중히 여기는 마음.

그 마음으로 시작했고, 그 마음으로 지금까지 왔고, 그 마음으로 앞으로도 걸어갈 것이다.

고객은 믿음이고 신뢰다. 그 신뢰를 지키는 것이 설계사 이현정빈의 변하지 않을 약속이다.

이메일 : ikhnaton87@naver.com

연락처 : 010-7578-1224

● 주요 활동

현) 더블유에셋(주) 강남 본사 지점장

2021 손해보험협회 우수인증설계사

2021 선온 인문학연구소 소장

금융·경제심리 강의 진행(개인·단체 대상)

2013 펀드투자권유대행인(하나증권)

류광선

**혼돈에서 질서로,
심리로 설계하고 지키는 재정**

1. 당신의 하루는 어떻게 흘러가나요?

2. 두 번의 경고, 한 번의 결심

3. 고객의 선택권을 설계하다

4. 심리로 설계하는 포트폴리오

류광선

> "고객의 이익을 최우선으로,
> 삶을 지키는 재정계획을 설계합니다."

끊임없이 공부하는 설계사로 통합적 재정·심리 컨설팅을 수행한다. W-Asset 강남 본사 지점장으로서 윤리적 영업 표준과 고객 이익 최우선 원칙을 실천하며, MBTI·DISC·에니어그램 등 성격·행동 진단 자격과 다수의 상담·코칭 자격을 보유해 재정상담에 심리 프로파일링을 적용하고 있다. 재정에 있어 숫자 이전에 고객의 삶·감정·관계를 이해하는 것에서 접근한다. 여기서 건강하고 균형 잡힌 재정계획이 시작된다고 생각하여, 고객 심리 상담과 재무 설계를 동시에 진행하며 만족도가 높은 서비스를 제공한다.

혼돈에서 질서로, 심리로 설계하고 지키는 재정

> 나는 재정상담전문가로서 고객의 이익이 최우선되는 재정계획을 제안하여 모든 고객이 건강하고 균형잡힌 재정생활을 할 수 있도록 돕는다
> - 명함 뒤 선언문

1. 당신의 하루는 어떻게 흘러가나요?

상담을 시작하면 나는 빈 종이를 가로로 놓고, 고객의 생애지도를 그린다. 이름과 나이, 가족, 건강 이력, 소득의 리듬, 소비의 습관, 그리고 "요즘 가장 불안한 것"을 묻는다.

이 지도는 숫자에 대한 표가 아니라 삶의 지형도인 셈이다. 어린 시절의 나는 무질서와 혼돈을 먼저 배웠다. 집안의 붕괴와 병이 남긴 냄새, 거리의 겨울빛, 장례식장의 공기 같은 감각이 내 안에 혼돈의 문장을 새겼다.

시간이 흘러 아버지가 되었을 때, 나는 어떤 아버지로 나의 가정을 꾸려나갈 수 있을 것인가를 생각하기 시작한 나의 나이는 고작 열한 살이었다. 자본주의 사회에서 지켜야 하는 질서란 단순한 정리정돈이 아니라 생계를 지키는 기술이며, 구체적으로는 돈의 작동 원리를 배우는 일이라는 사실 또한 10대 때 알게 되었다.

혼돈에서 질서로 이동하려면 감정의 파도에 휩쓸리지 않고 시스템을 이해해야 한다. 그래서 내 상담의 첫 질문은 "어떤 상품을 원하시나요?"가 아니라 "당신의 하루는 어떻게 흘러가나요?"다.

사람들은 학력이나 이력은 쉽게 말하면서도 통장 속 숫자에는 침묵한다. 금기가 만들어낸 침묵은 정보의 비대칭을 키우고, 이러한 비대칭은 감정적 판단을 강화한다. 문제를 숨기면 문제는 커진다.

나는 이 지점을 함께 넘어가자고 제안한다. 소득·고정비·변동비·부채·비상자금의 흐름을 한 장에 그려 놓고, '지금의 선택이 무엇을 바꾸는가'를 생활의 언어로 번역한다. 돈이 부족하면 죄책감이 올라오고, 돈이 많아도 빼앗길까 두렵다. 심지어 이미 부자인데도 스스로를 가난하다고 느끼는 역설이 생긴다. 비교가 기준을 훔쳐가기 때문이다.

나는 비교 대신 기준을 세운다. 불안은 보험으로, 욕심은 규칙으로, 꿈은 시간으로 다룬다. 이 세 문장이 감정에서 이성으로 건너가는 다리다. 이해가 생기면 조절이 가능해지고, 조절이 가능해지면 선택이 분명해진다.

돈은 현재를 소비하게 하는 현재형이자, 미래를 준비하는 자본이다. 한 사회에선 기축통화지만 다른 사회에선 외화일 수 있고, 같은 지폐가 생필품·응급의료·욕망의 충족이라는 서로 다른 기능을 수행한다. 이 다층성 때문에 돈은 한 문장으로 포획되지 않는다.

그러므로 사용자는 맥락을 읽는 훈련이 필요하다. 우리가 느끼는 '굴레'의 상당 부분은 돈 자체가 아니라, 돈의 작동 조건을 모르는 데서 시작한다.

나는 고급 수학을 가르치는 사람이 아니다. 다만 시작을 돕는다. 전체와

부분을 함께 이해하도록, 소득-지출-보장-저축-투자의 톱니가 맞물리는 구조에 대해 고객과 이야기 나눈다.

늘 내가 제안하는 것도 '이렇게 하라'는 지시가 아니라 '시스템이 이렇게 움직인다'는 설명이다. 삶에 있어 불공정은 분명 존재한다. 그러나 불공정을 이유로 규칙 자체를 외면하면 더 큰 손해가 발생한다.

구조를 읽고 그 안에서 가능한 선택지를 넓히는 것, 그것이 내가 고객으로 하여금 세울 수 있게 돕는 질서다.

> 한 사람의 삶을 마음을 다해 들으며, 그 삶의 질서를 함께 설계하기 위해 애쓴다. 함께 이야기를 나누면 감정은 잦아들고, 선택은 선명해진다. 그 선명함이야말로, 내가 제안하는 재정계획의 첫 번째 효용이다.

2. 두 번의 경고, 한 번의 결심

어머니의 투병은 우리 가족의 언어를 바꿔 놓았다. 30여 년 전 치료비 1억, 하지만 그 흔한 암보험 하나 없었다. 장례가 끝난 이후 가난을 직접 몸으로 겪는데는 그리 오랜 시간이 걸리지 않았다.

열한 살의 나는 전단지를 돌리며 돈의 무게에 대해 일찍 배우기 시작했고 10대 때 이미 10개 가까이 아르바이트를 경험했다. 이처럼 준비되지 않은 위험은 생활의 언어를 빼앗아 간다. 죽음에 이를 뻔한 적도 있다. 그리고 그 경험들은 나를 오래 따라다녔다.

그렇게 치열하게 살아내던 2011년 말, 당시 육군 장교로 복무하던 나는 심정지로 쓰러졌다. 다시 한번 드리워진 죽음의 그림자, 내가 열심히 사는 것과

별개로 삶은 언제든 단절될 수 있다는 사실. 길게 남는 깨달음. 그날 이후 우선순위가 바뀌었다. '지금, 나의 내일을 준비하는 일'을 하는 것.

원래 군 생활을 지속하려고 했으나 전역을 결심하였다. 이후 오래지 않아 같은 부대에서 근무하다 전역한 선배가 한 보험사에서 영업으로 이름을 날리고 있다는 소식을 듣게 되었다.

선배가 부대를 방문했는데, 뭔가 멋져보였다. 인사와 함께 통성명을 하며 나의 눈빛을 읽은 선배는 나의 사정을 들은 뒤 적극적으로 일을 권했다. 나는 시험을 준비했고, 전역 전에 합격을 했다.

그러던 그 때, 바로 옆 부대에 근무하던 동기가 내게 이런 말을 건네는 것이 아닌가.

"너 저 선배들 영업 어떻게 하는지 알고 있어?"

그 친구 역시 같은 조직으로 나와 함께 가기로 한 친구였다. 전해 듣게 된 이야기는 충격적이었다. 변액 보험을 펀드 상품처럼 속여서 판매한 것인데, 보험사 명함이 아니라 증권사 명함을 내밀었다고 했다.

가입 단계에서 이미 속은 군 간부는 자신의 월급의 85% 이상을 변액 보험에 가입을 해 생활이 되지 않는 지경에 이르게 되었다. 그래서 펀드를 환매하고자 전화를 했는데, 이것이 보험 상품이고 받을 수 있는 해약환급금이 거의 없다는 것을 알게 되어 금융감독원에 민원을 넣게 되었다.

보험업으로 향하는 첫 관문은 이와 같은 윤리의 문턱이었다. 성과라는 이름의 압박, 설명의 빈자리를 미사여구로 채우는 관행. 이는 내가 시험에 합격하고도 그 조직에 발을 들이지 않았던 이유다.

멀리 돌아가더라도 원칙은 가까이 두고 싶었다. 내게 전화로 쌍욕과 저주를 내뱉던 선배의 목소리가 여전히 기억난다.

보험업에 대한 지식이 없던 나는 원수사 전체에 대한 오해를 가진 채, 영세한 보험대리점에서 일을 시작하게 되었다. 그러나 역시 시험을 합격한 지 얼마 지나지 않아 대리점 대표를 제외한 모든 직원의 반란으로 일을 시작하기도 전에 또 한번 조직을 옮기게 되었다.

왜 조직 전체가 이동하게 되었는지에 대한 내막은 자세히 듣지도 못한 채 아직 일을 시작하지 않았으니 조금이라도 큰 조직에서 일을 하는 것이 커리어에도 도움이 될 것이라는 선배들의 설명이었다. 그리고 그 조직을 총괄하던 그 선배들 역시도 착취 구조로서 후배들인 우리들을 지배하려 들었다.

또 다른 그늘을 지나, 결국 1인 GA를 선택했다. 내가 곧 조직이고 내 원칙으로 설명하는 길. 외롭지만 명확한 길이었다.

두 번의 경고는 이렇게 한 번의 결심으로 굳혀졌다. 고객의 이익을 먼저 말하고, 이해되지 않는 것은 권하지 않으며, 모르는 것은 모른다고 말하는 것.

고객과 상담하는 날, 약속 장소에 먼저 가서 커피 한 모금을 들이키면 가끔 어린 날의 나와 마주한다. 그 수많은 날들 속에서 보호받지 못했던 어린 나의 얼굴이 지금의 나에게 질문한다.

'이 제안이 고객의 어제를 위로하고, 내일을 지킬 수 있는가.'

그 질문을 통과하지 못하면 제안을 해서는 안 된다. 나의 일은 계획을 파는 일이 아니라, 삶을 지키는 기준을 세우는 일이기 때문이다. 기준이 서면 선택이 쉬워지고, 선택이 쉬워지면 삶이 가벼워진다.

나는 그 가벼움을 돕기 위해 오늘도 종이를 펼친다. 종이는 지도이고, 지도는 방향을 잃은 사람에게 가장 간단한 위로가 될 수 있다.

3. 고객의 선택권을 설계하다

많이 알려져 있다시피 보험업 종사자들은 이직과 전업이 잦다. 그래서 처음 설계해 준 설계자가 유지되는 경우가 적은 편이다. 그리고 설계사가 바뀔 때마다 '증권 분석을 해주겠다'며 다가오는 일이 생긴다.

문제는 이 접근이 고객의 무지를 이용해 이를 비용으로 만든다는 점이다. 보험 상품에 대한 지식이 많지 않은 고객들에게 2차 피해를 입히는 경우가 부지기수다.

나의 오래된 고객에게도 그런 시도가 몇 번 있었다. 10년 넘게 설계사가 바뀌지 않은 나의 고객이지만, 이제 막 일을 시작한 '초짜 설계사'가 지인의 소개를 타고 들어와 10년 넘게 유지한 계약을 해지시키려 했다.

그러나 그들은 2세대 실비보험의 장점조차 몰랐고, 그저 최신이라는 말로 갈아타기를 권했을 뿐이었다.

나는 해지를 해도 되냐고 묻는 고객에게 2세대 실비보험과 4세대 실비보험의 특징에 대한 비교를 '생활의 언어'로 비교해 설명했다.

장단점을 투명하게 놓고, 마지막 선택권은 고객에게 돌려드렸다. 결론은 기계약 유지였다. 내가 막은 것은 해약이 아니라, 후회였다. 무조건 안된다고 막기보다는 고객이 선택할 수 있는 정보를 충분히 제공하고 고객에게 선택권을 제공하는 것이 나의 유일한 목적이었다.

영업은 윤리를 견디는 일이다. 윤리를 '견딘다'고 말하는 이유는, 그것이 종종 손해이기 때문이다. 단기적인 성과를 포기하고 '지금은 하지 마세요'라고 말해야 할 때가 있다. 보장 확대보다 현금흐름 회복이 먼저라면 감액을 설계하고, 중복 보장은 정리한다.

> 고객은 이렇게 묻는다.
> "그럼 선생님은 무엇을 얻나요?"
> 나는 대답한다.
> "고객님의 건강하고 건전한 금융생활요."

브랜드는 결국 "그 사람에게 맡기면 돼." 라는 이 문장을 얻기 위해서 하는 일이라고 생각한다. 이런 말을 들을 수 있다면 느리게 가도 좋다.

고객의 선택이 내 제안을 이기는 순간에도, 나는 안다. 그 선택을 지켜보는 일이 곧 나의 역할임을. 관계는 오히려 판매의 끝에서 시작되기 때문이다.

4. 심리로 설계하는 포트폴리오

MBTI와 DISC, 에니어그램 등 각종 심리검사도구와 심리 기반의 강의와 상담을 12년 째 해오고 있다. 많은 고객들을 만나며, 돈 자체도 문제지만 삶을 살아가는 마인드와 태도, 곧 심리적인 부분이 중요하다는 사실을 알게 되었다. 그리고 사실 그 우선 적용대상은 '나'였다.

나는 불안에 사로잡혀 그야말로 일만 미친듯이 해대는 날을 보내고 있었다. 그리고 당시 만나던 고객들 또한 회사 일에 사로잡혀 자신의 삶에서 자신을 잃고 있던 고객들이 많았다.

우선 나를 바로잡기 위해 심리학 공부와 각종 자격증을 취득했다. 그리고 기존에 시작했던 강의들과 심리, 금융 분야를 융합하기 시작했다.

결국 건강하고 균형잡힌 재정생활을 위해서는 한 개인의 삶과 그의 감정, 심리 구조에 대한 파악이 중요하다는 사실을 다시 한번 알게 되는 순간이었다.

그리고 그 경험들은 재정설계에 그대로 들어온다. 사람은 숫자로만 움직이지 않는다. 보장에 있어서도 불안형은 과보장을, 낙관형은 과소보장을 선택한다. 저축과 투자 면에서도 성취지향은 투자 과열에, 안정지향은 현금 과잉에 머물기 쉽다.

나는 초반 상담에서 성향 질문을 던진다. 위험에 대한 감정 반응, 소비의 보상 패턴, 의사결정의 속도. 이를 토대로 포트폴리오의 깊이와 폭을 조절한다. 보장성은 치명 리스크를 최소한으로, 저축·투자는 현금흐름과 목표에 맞춘다. 나름의 규칙은 '불안은 보험으로, 욕심은 규칙으로, 꿈은 시간으로' 다룬다.

경제심리는 숫자 뒤에 숨어 있던 습관을 드러낸다. 예를 들어 의료비 공포로 카드론을 반복하던 고객에게는 실손 구조 재정비와 비상자금 3개월분 계획을 먼저 세웠다.

반대로 수익률에 대한 집착으로 보장성 보험을 과도하게 해지하던 고객에게는 목적을 명확히 하고, 투자 위험을 분산해 '기다릴 수 있는 포지션'부터 만들었다.

상담 중에 나는 한 장의 체크리스트를 건넨다. '내가 불안할 때 할 명확한 행동' 목록. 이러한 눈에 보이는 리스트가 있어야 위기에서 흔들리지 않는다. 강의에서도 늘 말한다. '포트폴리오는 상품 목록이 아니라 행동 계획입니다.' 심리는 계획을 흔들고, 계획은 심리를 지탱한다.

이 두 축이 맞물릴 때, 고객의 삶은 숫자 너머의 균형을 얻는다. 그리고 나는 그 균형을 설계하는 것을 돕는 사람이다. 설계의 목적은 안전이 아니라 지속성에 있어야 한다. 지속성은 결국 마음의 에너지 관리에서 나온다.

이메일 : limlim5@naver.com
연락처 : 010-8904-0700

● 주요 활동
현) 유퍼스트 팀장
2024 한화손해보험 입사
2014~2022 이탈리안 레스토랑 운영
가족의 위기를 통한 보험업 입문
관계 중심의 상담 및 설계 전문
고객의 마음을 먼저 이해하는 인생설계사

임지효

가장 힘들 때 꺼내보는 약속

1. 보험을 시작하다

2. 사람을 만나다

3. 마음이 닿다

4. 지키는 사람이 되고 싶었다

5. 거절을 견디는 힘

6. 보험, 삶을 바꾸다

7. 나를 키운 고객들

8. 오늘도 누군가의 내일을 위해

"가장 힘들 때 꺼내보는 약속, 지키는 사람이 되고 싶었다"

 2014년부터 2022년까지 이탈리안 레스토랑을 운영하며 외식업계에서 활동하다가 코로나와 부모님의 건강 악화로 인생의 큰 변곡점을 맞았다. 가족의 위기 상황에서 아무것도 해줄 수 없었던 무력감과 예상치 못한 일들이 언제든 일어날 수 있다는 깨달음을 통해 보험의 진정한 의미를 알게 되었으며, 누군가의 가장 힘든 순간에 곁을 지키는 사람이 되기로 결심했다. 내성적인 성격으로 주변에서 "너랑 보험은 어울리지 않아"라는 말을 들었지만, 진심으로 다가가면 그 마음이 반드시 누군가에게 닿는다는 믿음으로 수많은 거절을 견뎌내며 고객과의 진정한 관계를 쌓아가고 있다.

가장 힘들 때 꺼내보는 약속

힘든 일은 한꺼번에 온다고 한다.

한동안 모든 것이 괜찮아 보였고, 부모님이 아프다는 것은 늘 남의 이야기로 생각하며 살았다. 하지만 힘든 일은 한꺼번에 찾아왔다. 늘 건강하시던 부모님께서 나이가 드시니 하나둘씩 아픈 곳이 생겨나기 시작했고, 그러던 중 코로나로 인해 내가 운영하던 식당도 운영난을 겪으며 삶의 기반이 송두리째 흔들리는 경험을 했다.

부모님께서 편찮으시지만 내가 할 수 있는 것이라고는 부모님을 지켜볼 수밖에 없었다. 가족을 위해 아무것도 해줄 수 없다는 사실이 내 마음을 가장 아프게 했다.

그때 깨달았다. 예상하지 못한 일들이 언제든 일어날 수 있고, 그 순간 우리를 지켜줄 준비가 필요하다는 것을. 누군가에게는 그저 상품일지 몰라도, 나에게는 사랑하는 사람들의 삶을 지켜주는 하나의 방법이 될 수 있다는 것을 처음으로 느꼈다.

> 그렇게 나는 누군가의 가장 힘든 순간에 곁을 지키는 사람이 되기로 마음먹었다. 그것이 바로 내가 보험을 시작한 이유다.

1. 보험을 시작하다

누구에게나 그렇듯 나도 보험이라는 단어가 낯설고 멀게만 느껴졌다. 내가 보험 일을 하게 될 것이라고는 전혀 계획에 없던 일이었다.

외향적인 성격도 아니고 사람들 앞에서 말하는 것도 좋아하지 않는 내성적인 내가 보험을 시작한다고 했을 때, 주변 사람들은 하나같이 놀라워했다.

"너랑 보험은 어울리지 않아. 그 힘든 걸 네가 어떻게 하려고 해."

그런 말들을 들을 때마다 나도 순간 흔들렸다.

하지만 그때 내 마음속에는 우리 가족이 힘들었던 그 시기가 있었다. 만약 보험이 우리 곁에 있었다면 조금은 덜 힘들었을지도 모른다는 생각이 들었다. 위험이나 불행은 예고 없이 찾아오는 것을 경험했기에, 누군가의 내일에 그런 든든한 존재가 되고 싶었다.

2. 사람을 만나다

보험을 시작하고 처음으로 사람들을 만나기 시작했을 때 내 마음은 참 따뜻했다. 고객에게 진심으로 다가가면 그 마음이 전해지겠지라고 믿었기 때문이다.

하지만 현실은 그렇게 간단하지 않았다. 내가 진심으로 설명해도, 정성껏 준비한 제안서를 내밀어도 돌아오는 것은 차가운 말 한마디 또는 이유 없는 거절이었다.

"생각해볼게요."

"지금은 보험 생각 없어요."

그리고 면전에 대고 "보험하는 사람은 돈 빌려 달라는 사람보다 싫다"는 말도 들었다.

진심으로 다가갔는데 그 마음이 닿지 않을 때의 상처는 생각보다 깊었다. 나는 누군가가 우리 가족처럼 힘든 일을 겪었을 때 조금이나마 위로가 될 수 있게 진심으로 다가가는데, 그 마음이 거절당하는 순간은 스스로가 부정당하고 자존감마저 바닥 밑으로 떨어졌다.

그래도 멈출 수는 없었다. 누구보다 나도 어려운 순간을 겪어본 사람이니까. 보험이 필요하다는 것을 뼈저리게 느껴봤기에, 지금 이 사람이 지금은 거절하더라도 언젠간 도움이 될 수 있을 것이라는 믿음 하나로 계속 문을 두드렸다.

3. 마음이 닿다

수많은 거절 끝에 나는 마음을 숨기고 말만 앞세우는 사람이 되어가고 있었다. 진심을 다해도 소용없다는 생각이 나를 지치게 만들었다.

그런데 어느 날, 한 고객님이 내 말을 끝까지 들어주셨다. 편찮으신 부모님 이야기, 갑자기 무너진 일상, 그리고 그 속에서 보험이라는 것을 바라보게 된 내 경험까지. 어색한 고백 속에서도 묵묵히 듣던 고객님은 한참을 듣더니 그렇게 말씀하셨다.

"그 마음이 느껴지네. 나는 그냥 보험 계약이나 하려고 온 사람인 줄 알았는데, 사람 이야기를 들은 것 같아요."

그 한 마디에 내 진심이 닿았구나 하는 것을 느꼈다. 계약서에 사인하기도 전에 그 고객님과 나눈 눈빛과 말 속에서 우리는 이미 사람 대 사람으로 연결되어 있었다.

그 순간 나는 깨달았다. 보험은 상품이 아니라 사람의 마음을 이해하고 지켜주는 일이라는 것을. 그리고 그 진심은 결국 누군가에게 반드시 닿는다는 것을.

4. 지키는 사람이 되고 싶었다

처음에는 그저 할 수 있는 일을 찾았고, 막연하게는 누군가에게 도움을 주면 좋겠다는 마음을 가지고 시작한 보험이었다. 하지만 시간이 지날수록 내 마음속에는 하나의 문장이 자리 잡기 시작했다.

"누군가의 인생이 흔들릴 때, 나는 지켜주는 사람이 되고 싶다."

우리 가족이 힘들었을 때 아무것도 해줄 수 없었던 무력감, 그때 보험이 있었다면 얼마나 좋았을까 하는 아쉬움이 지금의 나를 만들어주었다.

어느 날 상담 중 고객님이 그러셨다. "제가 만약 병이라도 나면 애들 어떡하냐. 그 생각만 해도 숨이 막혀요." 그 말을 듣는데 보험료가 얼마고 어떤 특약이 필요한지보다 먼저 그분의 두려움이 내 마음에 닿았다.

그 순간 나는 느꼈다. 내가 하는 일이 단순한 보험 가입이 아니라 이 사람의 불안을 덜어주는 일이라는 것을. 보험은 결국 사람을 지키는 일이다. 위험을 막을 순 없지만 준비된 사람이 덜 무너지게 할 수 있다. 그래서 나는 지금도 보험을 파는 사람이 아니라 지켜주는 사람으로 남고 싶다.

5. 거절을 견디는 힘

보험 일을 시작하고 처음 배운 것은 거절이 생각보다 훨씬 자주 온다는 사실이었다.

처음엔 마음을 다해 설명했다. 고객 상황에 맞게 하나하나 밤을 새서 설계했다. 그런데 돌아오는 것은 "괜찮아요, 보험은 아직 필요 없어요"였다.

수많은 노력에도 불구하고 영업사원은 수없이 많은 거절을 경험한다. 거절당할 때마다 매번 힘들 수밖에 없다. "나를 거절하는 것이 아니라 내가 제안한 상품을 거절한 것이다"라고 생각하자는 말은 너무나 진부하다. 실제 거절을 당해보면 그런 문장은 생각나지 않는다. 허탈하고 좌절감이 밀려온다.

그렇다고 해서 거절당한 기분을 계속 가지고 가면 안 된다. 너무 그 감정에 몰입하거나 속상해하면 앞으로 나아갈 힘까지 잃게 될 수 있다는 것을 경험하고 난 후, 나는 연습하기 시작했다.

> "거절은 거절일 뿐, 나를 부정하는 것은 아니야. 이 감정을 오래 끌지 말자. 흘러가게 하자." 그렇게 스스로에게 말하면서 감정을 다루는 힘을 키워가며 이 일을 하고 있다.

6. 보험, 삶을 바꾸다

그날의 고객님은 수척한 얼굴을 하고 계셨다. 60세의 여성분. 옷차림은 단정했지만 눈빛에는 깊은 피로감과 우울감마저 느껴졌다.

"남편이 암이에요. 투병 중이에요." 말씀하시면서도 감정을 최대한 눌러 담으려 애쓰시던 모습. 그 순간 나는 보험 이야기를 꺼내는 것도 죄스러웠다.

남편분은 위암 진단을 받으셨고, 그 이후 아내인 고객님 혼자 간병을 도맡고 계셨다. 입원, 통원, 치료, 검사, 수술. 그 모든 과정을 직접 챙기고 병원 침대 옆에 하루 종일 앉아 계신다고 말씀하시며 조용히 눈시울을 붉히셨다.

"퇴직금으로 받은 돈도 생활비랑 치료비로 다 쓰고 저축도 깨졌어요. 아픈 것도 힘든데 경제적인 어려움까지 겪게 되니 너무 힘들어요. 자식들한테도 차마 다 말할 수 없는 상황이에요."

그 말을 듣는데 우리 부모님, 우리 가족이 힘들었을 때가 생각났다. 한 가정에 환자가 생기면 그 가정은 무너진다. 병에 걸린 것은 남편이었지만 무너진 것은 아내였고, 함께 휘청인 것은 그 집안 전체였다.

보험은 환자를 위한 것이 아니라 그 가족 전체를 위한 것이라는 것을 다시 깨달았다. **환자를 치료하는 것은 병원이지만, 가정을 지키는 것은 보험이다. 무너진 일상을 지키는 것이 보험이다.**

7. 나를 키운 고객들

보험 일을 하며 많은 고객을 만났다. 가입하고 연락하고 보장 내용도 설명하고 보험금도 찾아드렸다. 고객님들을 만나면서 나는 내가 늘 도움을 주고 있다는 생각으로 자부심에 가득 차 있었다.

그런데 수없는 고객님들을 만나면서 자신의 병력, 수입, 가족의 속사정까지 털어놓는 고객님들이 계셨다. 그런 여러 가지 이야기를 들으며 같이 울기도 하고, 같이 고민하기도 하고, 같이 해결 방안도 모색했다.

그런 이야기들을 들으며 보험은 설계사가 아니라 한 인간으로 그분들 앞에 서게 되는 것 같다는 생각이 들었다. 이 일은 단순한 계약만 맺는 일이 아니라 누군가의 내일을 같이 짊어지는 일이라는 것을.

거절한 고객, 고맙다고 인사해준 고객, 가입하고 몇 년 뒤 보험금을 청구하며 "그때 보험 들어서 정말 다행이었다"고 말해준 고객. 그분들의 삶 속에서 내 자신을 돌아보게 됐다.

내가 진심으로 따뜻하게 대했는지, 처음 보험 일을 하기로 결심했을 때 마음은 그대로인지, 내가 정말 고객의 삶을 지키고자 했는지. 고객은 나에게 사람을 대하는 태도와 진심을 지키는 법을 가르쳐주셨다.

고객은 단지 나에게 보험을 가입한 사람만이 아니다. 나의 성장을 지켜봐준 사람, 나의 마음을 단련시킨 사람, 나를 사람답게 만든 사람이다.

8. 오늘도 누군가의 내일을 위해

보험 일을 시작할 때는 그저 막연하게 힘든 사람들에게 조금이나마 가치 있는 일을 하고 싶었다. 그런데 시간이 흐르면서 그저 일로만 느껴졌던 순간이 있었다. 나도 누군가처럼 성공하고 싶었고, 수입이 필요했고, 누군가처럼 멋진 설계사가 되고 싶었다.

일을 하면서 수많은 고객의 이야기를 듣고, 거절에 울고, 가입 후 고맙다는 말 한 마디에 다시 일어서기를 반복하면서 나는 점점 알게 되었다. 상품을 파는 것이 아니라 누군가의 삶을 지키는 일이라는 것을.

보험은 눈에 보이지 않는 상품을 판매한다. 가방에 넣어서 보여줄 수도 없고, 계산기 두드려서 당장 이득이 된다고 말하기도 어렵다.

하지만 누군가가 아프고, 사고가 나고, 예기치 못한 일이 닥쳤을 때 가장 먼저 떠올라 전화 주시는 분들이 계신다. "보험 들어놔서 너무 감사해요. 이제 조금 마음이 놓여요." 그 말들이 나를 지금도 이 자리에 서 있게 해준다.

보험은 삶을 바꾸지 않는다. 하지만 삶이 흔들릴 때 무너지지 않게 해준다. 나는 그 한 사람의 무너짐을 붙잡기 위해 오늘도 고객의 내일을 위해 함께 준비하는 사람이다.

당신의 내일이 흔들릴 때 내가 건넨 보험 하나가 조금은 덜 무겁게 해주기를 바란다.

이메일 : bikithong@naver.com
연락처 : 010-7456-4458

● 주요 활동
연금·보장 전문 보험 설계사
다수의 가정과 중장년층 노후 설계 컨설팅
고객 맞춤 상담을 통한 실질적 보장 설계 전문
쌍둥이 엄마 경험을 활용한 가족 보장 설계
"둥이맘에서 인생 설계자로" 브랜드 활동

이경희

**둥이맘에서 인생 설계사로
이경희의 두 번째 도전**

1. '쌍둥이 엄마'라는 이름 속에 묻힌 나

2. 경력 단절녀, 다시 세상과 연결되다

3. 첫 거절, 그리고 내 상담의 방향이 바뀌다

4. 고객의 불안을 이해하는 설계사

5. 보험은 상품이 아니라 인생을 설계하는 일

이경희

"보험은 상품이 아니라 인생을 설계하는 일"

    쌍둥이 엄마로서 경력 단절을 겪었지만, 새로운 도전으로 보험업에 뛰어들며 고객의 불안을 가장 가까이에서 이해하는 설계사로 성장했다. 보험을 단순한 계약이 아닌 삶의 안전망으로 여기며 "보험은 아는 사람에게가 아니라, 보험을 아는 사람에게 가입해야 한다"는 신념을 고객과 나눈다. 둥이맘에서 인생 설계자로 성장한 경험을 바탕으로 다수의 가정과 중장년층 노후 설계 컨설팅을 진행하며 고객의 내일을 함께 설계하는 동반자 역할을 하고 있다.

둥이맘에서 인생 설계사로 이경희의 두 번째 도전

1. '쌍둥이 엄마'라는 이름 속에 묻힌 나

"쌍둥이 엄마!"

세상은 나를 그렇게 불렀다. 놀이터에서도 어린이집 앞에서도 심지어 친척들조차 내 이름을 불러주지 않았다. 나는 분명히 '이경희'였는데 어느 순간부터 누구도 내 이름을 불러주지 않았다. 나는 그저 '쌍둥이 엄마'였다.

아침이 오면 전쟁이 시작됐다. 두 아이를 먹이고 씻기고 옷을 입히는 일은 작은 전투였다. 한 아이가 울면 다른 아이도 따라 울었고, 기저귀를 갈다 보면 식탁 위 밥은 차갑게 굳어갔다.

하루는 열두 번 웃음으로 시작했다가, 열두 번 눈물로 끝났다. 웃음은 아이들 덕분이었지만, 눈물은 내 몫이었다. 밤이 되어 거울 앞에 서면 낯선 여자가 나를 바라보고 있었다. 질끈 묶은 머리, 티셔츠에 묻은 이유식 자국, 초점을 잃은 눈동자.

그 얼굴엔 더 이상 '이경희'라는 이름이 남아 있지 않았다. 나는 그저 지쳐 있는 엄마였다. 어느 날, 아이들이 낮잠에 든 사이 거실 한가운데 앉았다. 집은 고요했지만 마음은 공허했다. 소파에 등을 기대자 눈물이 뚝, 하고 떨어졌다. 그 눈물은 슬픔만이 아니었다. 잊혀진 나를 찾고 싶은 간절함이 섞여 있었다.

나는 속으로 물었다.

"나는 누구였지? 앞으로 나는 어떤 사람으로 살고 싶은 거지?"

그날 이후 나는 하루에 단 10분이라도 내 이름을 불러주었다.

아이들이 잠든 밤, 불 꺼진 거실에 앉아 속삭였다.

"이경희."

낯설지만 따뜻한 울림이 가슴 깊이 번져갔다.

나는 다짐했다. 언젠가 내 이름으로 세상에 다시 서리라고.

'쌍둥이 엄마'가 아닌, 당당히 '이경희'라는 이름으로 불리리라고.

2. 경력 단절녀, 다시 세상과 연결되다

공허한 나날 속, 지인이 조심스럽게 말을 꺼냈다.

"경희 씨, 보험 설계 한 번 해볼래요?"

나는 웃으며 고개를 저었다.

"보험이요? 저랑은 안 어울려요."

보험이라고 하면 떠오르는 건 억지 권유나, 친척에게 미안한 마음으로 하나쯤 들어주는 일이었다. 그것이 '직업'이 될 거라고는 상상도 하지 못했다.

그러나 그 말은 내 안에서 떠나지 않았다. 그날 밤, 아이들을 재우고 홀로 앉아 있었다. 지인의 제안이 자꾸만 귓가를 맴돌았다.

'보험 설계사… 나 같은 사람도 할 수 있을까?'

마음 한구석이 두근거렸다. 나는 다시 세상과 연결되고 싶었다. 아이들에게 당당한 엄마가 되고 싶었다. 무엇보다 잃어버린 내 이름을 되찾고 싶었다. 다음 날, 나는 교육장 문을 열었다. 낯선 용어들이 쏟아졌다. 종신, 변액, 해약환급금, 연금…

머릿속은 하얘졌다. 그러나 곧 깨달았다.

'이건 단순히 보험을 파는 일이 아니구나. 사람의 인생을 지켜주는 약속이구나.'

내 심장이 뛰기 시작했다. 육아로 단련된 끈기와 체력으로 교육을 버텼다. 아이들이 잠든 밤에는 눈을 비비며 공부했고, 새벽이면 계약서 대신 육아일기를 썼다. 경력 단절녀였던 나는 조금씩 '보험을 아는 사람'으로 변해갔다.

3. 첫 거절, 그리고 내 상담의 방향이 바뀌다

현장은 냉정했다. 비 오는 날, 떨리는 손으로 초인종을 눌렀다.

"죄송해요, 지금 바빠서요."

문은 가볍게 닫혔다. 내 마음은 그보다 훨씬 무겁게 닫혔다.

나는 속으로 되뇌었다.

'나는 이 일을 끝까지 할 수 있을까?'

그러나 동시에 깨달았다. 나처럼 살아가는 수많은 엄마들도, 아빠들도 같은 불안을 안고 있다는 것을.

그날 이후로 나는 다짐했다. 단순히 보험을 권하지 않겠다고. 대신 고객의 이야기를 먼저 듣고, 마음을 먼저 이해하는 사람이 되겠다고. 고객을 만날 때마다 나는 질문했다.

"지금 아이가 몇 살인가요?"

"노후에 바라는 삶은 어떤 모습인가요?"

"만약 갑자기 아프다면, 집은 지킬 수 있을까요?"

사람들은 처음엔 멋쩍어 웃다가 이내 자신도 몰랐던 불안을 쏟아냈다. 보험은 계약서 한 장이 아니라, 한 가정의 불안을 어루만지는 약속이었다. 거절을 통해 나는 방향을 찾았다.

나는 보험을 파는 사람이 아니라, 마음을 이해하는 설계사라는 것을.

4. 고객의 불안을 이해하는 설계사

보험은 숫자가 아니라, 감정의 언어였다. 고객의 얼굴에는 늘 비슷한 그림자가 드리워져 있었다. 갑작스러운 병원비, 아이들 교육비, 노후에 대한 막막함. 그것은 나 역시 경험한 불안이었기에 더 깊이 공감할 수 있었다. 평생 강한 척만 하던 50대 가장이 내 앞에서 눈물을 보였다.

"사실, 저도 불안해요." 그 조용한 고백은 내 마음을 울렸다.

나는 확신했다. 나는 보험을 파는 사람이 아니라, 사람의 불안을 대신 안아주는 사람이라는 것을. 그래서 고객에게 이렇게 말했다.

> "보험은 혹시 모를 불행을 막아주는 게 아니라, 이미 알고 있는 불안을 대비하는 거예요."

고객은 안도의 한숨을 내쉬며 내 손을 꼭 잡았다.

"오늘 만나서 마음이 한결 편해졌어요. 이제야 숨이 쉬어지는 것 같아요."

<u>보험은 상품이 아니라, 마음의 안심을 전하는 일이었다.</u>

5. 보험은 상품이 아니라 인생을 설계하는 일

보험 설계사로 살아가며 나는 하나의 신념을 가지게 되었다.

"나는 보험을 설계하지 않는다. 나는 인생을 설계한다."

보험증권 한 장에도 아이의 미래, 부모의 노후, 한 가정의 행복이 담겨 있다. 그래서 상담을 시작할 때 나는 늘 이렇게 말한다.

> "보험 이야기는 나중에 해요. 먼저, 당신의 인생 이야기를 들려주세요."
>
> 사람들은 처음엔 어색해하지만, 곧 자신도 몰랐던 불안을 털어놓는다.
>
> "사실, 제일 무서운 건 제가 아프면 애들이 힘들까 봐예요."
> "남편은 모르는 제 걱정이 있어요."
> "은퇴 후에도 집을 지킬 수 있을지 모르겠어요."
>
> 나는 그 모든 이야기를 마음 깊이 새긴다.
> 그리고 다짐한다.
> "이 가정의 오늘과 내일을 내가 지키겠다."

쌍둥이를 키우며 경력이 끊겼던 나는 이제 누군가의 인생을 설계하는 사람이 되었다. 물론 힘든 순간도 많다. 아이들이 아프면 상담을 미뤄야 하고, 밤마다 서류를 정리하며 눈이 시릴 때도 있다.

그러나 나는 안다. 나는 내 이름을 되찾았다. 나는 누군가의 내일을 지킨다. 나는 내 아이들에게 당당한 엄마가 되었다. 보험은 내게 단순한 직업이 아니다. 경력 단절녀였던 내가 다시 세상에 선 증거이자, 누군가의 삶을 지켜주는 약속이다.

그래서 오늘도 고객에게 이렇게 말한다.

"보험은 아는 사람에게 가입하는 게 아닙니다. 보험을 아는 사람에게 가입해야 합니다. 저는 단순히 보험을 설계하지 않습니다. 당신의 인생을 설계합니다."

그리고 그 시작은 언제나, 고객의 이야기를 듣는 것에서부터 시작된다.

이메일 : suzi0729@naver.com
연락처 : 010-4994-4263

● 주요 활동
현) 신한라이프 강남본부 한남지점 소속
신한라이프 강남본부 탑클래스 4회 달성
2024년 전업 설계사 전향 및 고객 중심 설계 철학 확립
20대 보험설계사를 위한 멘토 활동
3년간 라이브커머스 컨설팅과 보험업 병행

김수빈

20살, 권유로 시작해서 진심으로 이어진 길

1. 20살, 선택 아닌 권유로 시작된 길
    아버지의 권유, 신한라이프와의 첫 인연

2. 보험, 내가 진심을 다하게 된 이유
    수당보다 감사의 말이 더 값졌던 순간

3. 가입보다 중요한 건 '보장의 순간'
    "보험을 들었지만, 받을 게 없다"는 말의 무게

4. 고객 중심 설계, 흔들리지 않는 기준
    시책 중심이 아닌 '진짜 보장' 중심

5. 20대 보험설계사로 산다는 것
    갈등과 고민의 시간을 지나 선택한 길

김수빈

"보장을 설계하는 것이 아니라, 안심을 설계합니다."

    20세에 신한라이프에 입사한 후 3년간 라이브커머스 컨설팅과 보험업을 병행하며 다양한 경험을 쌓았고, 2024년 전업 설계사로 전향하며 고객 중심 설계 철학을 확립했다. 보험은 계약이 아닌 '책임'이라 믿으며, 고객에게 정확한 정보를 전달하고 보험이 필요할 때 보장을 받을 수 있도록 돕는 것을 사명으로 삼고 있다. 보장 중심, 진심 중심의 설계를 추구하며, 강남본부 탑클래스를 4회 달성하는 등 검증된 실력을 바탕으로 20대 보험설계사를 위한 멘토 역할을 꿈꾸는 실천가다.

20살, 권유로 시작해서 진심으로 이어진 길

1. 20살, 선택 아닌 권유로 시작된 길

아버지의 권유, 신한라이프와의 첫 인연

N잡러의 3년, 선택보다 경험이 만든 확신

보험설계사가 될 줄 몰랐다. 20살, 아버지의 권유로 시작한 일이었다. 신한라이프에 들어가고 나서도 이 일이 내 일이 맞는 걸까, 확신은 없었다. 그저 한 발, 또 한 발 내딛으며 따라가는 걸음이었다. 그러던 어느 날부터, 나는 동시에 두 가지 일을 하고 있었다.

라이브커머스 컨설턴트와 보험설계사. 낮에는 상품 기획과 분석, 밤에는 고객 상담. 'N잡러'라는 이름이 어색하지 않았던 시절. 지금 돌이켜보면, 그 시간들이 나에게는 중요한 체험이었다. 세상의 다양한 언어를 배우고, 고객을 이해하는 훈련이 되었다. 그러는 동안 어느새 보험 일의 본질이 조금씩 보이기 시작했다.

보험은 상품이 아니라 사람의 삶과 연결된 일이었다. 무엇을 팔지보다, 누구에게 필요한지를 생각하게 되었다. 내가 전업 설계사로 나아가야겠다고 결심한 것도 그 무렵이다. 누가 시켜서 시작했지만, 나는 어느 순간부터 내 발로 이 길을 걷고 있었다.

"이 일이 가치 있다"고 확신할 수 있었던 이유.

그건 성과가 아니라, '감사합니다'라는 한 마디 때문이었다.

"설계 너무 잘해주셔서 감사해요."

"정말 든든한 버팀목 같아요."

그 말을 들었을 때, 내가 걷는 길이 누군가의 삶에 진짜 도움이 된다는 걸 느꼈다. 보험은 처음엔 권유로 시작된 일이었지만, 지금은 내가 가장 자부심을 느끼는 이름이 되었다.

보험설계사 김수빈.

그 이름을 내 이름으로 제대로 시작하게 된 건, 바로 그 순간부터였다.

2. 보험, 내가 진심을 다하게 된 이유

수당보다 감사의 말이 더 값졌던 순간

고객이 느낀 '든든한 버팀목'이라는 말. 보험을 시작하고 나서 가장 많이 들었던 말은 "보험은 다 거기서 거기 아닌가요?"였다.

비슷한 상품, 비슷한 설명, 비슷한 보장. 그 안에서 내가 어떤 차이를 만들 수 있을까 고민했다.

하지만 상담이 쌓이고, 고객이 늘어나면서 한 가지 중요한 걸 깨달았다.

보험은 상품이 아니라 '느낌'이라는 것.

같은 설명이라도, 어떤 사람은 나를 믿고 가입했고 어떤 사람은 그냥 조용히 돌아서셨다. 그 차이는 '진심'이었다. 나는 정말로 그 사람에게 필요한 보장을 고민하고 있었는지, 수당이 아닌, 상황에 맞는 설계를 했는지가 중요했다. 실제로 이런 이야기를 들은 적이 있다.

"보험을 가입하긴 했는데, 정작 보험금 받을 때가 되니까 아무것도 못 받더라고요. 그때 정말 배신감이 들었어요."

그 말이 마음에 깊이 박혔다. 어쩌면, 그분에게 보험은 한 번도 '보장'이 되어준 적이 없었을지도 모른다. 그래서 나는 달라지고 싶었다.

계약보다 '관리'를 더 소중히 여겼다.

가입 후 보장이 잘 유지되고 있는지, 실제 사고나 질병 시에 보험금 청구가 잘 되고 있는지 내가 챙기고, 내가 도와주는 사람이 되고 싶었다. 그러던 중, 한 고객이 이런 말을 전해주셨다.

"수빈씨는 설계를 너무 잘해줘서 고맙고, 뭔가 진짜 버팀목 같아요."

그 순간 마음이 먹먹했다. 수당도 좋지만, 그보다 더 큰 보상은 **누군가의 삶에 '든든함'을 남긴 일**이라는 걸 그때 처음 알았다. 보험은 숫자가 아니라 사람이고, 보장이 아니라 책임이라는 것.

그래서 나는 오늘도 묻는다.

"이 보험, 지금보다 그때 꼭 쓸 수 있게 설계되어 있나요?"

진짜 필요한 순간에 '쓸 수 있는 보험'을 만드는 것. 그게 내가 진심을 다하는 이유다.

3. 가입보다 중요한 건 '보장의 순간'

"보험을 들었지만, 받을 게 없다"는 말의 무게

계약보다 중요한 건 끝까지 책임지는 사람. 보험상담을 하다 보면 이런 말을 자주 듣게 된다.

"보험은 들어놨는데, 막상 받을 게 없더라고요."

"이건 그냥 납입만 하고 버린 셈이에요."

그때마다 마음이 무거워진다. 그분들이 보험을 들 때, 얼마나 큰 결심을 했을까. 매달 빠져나가는 보험료가 결코 적은 돈이 아닐 텐데, 정작 필요한 순간에 '보장 없음'이라는 말 한 줄로 끝난다는 건

너무 잔인한 일이다.

그래서 나는 상담을 시작할 때 항상 이렇게 말한다.

> "지금 계약을 하셔도, 중요한 건 '그때'입니다."

보험이 필요한 순간이 왔을 때, 제대로 보장받을 수 있게 설계되어 있어야 한다고. 그 '그때'를 책임질 사람으로 남고 싶다고.

사실 보험은 '계약' 그 자체보다 그 **이후가 훨씬 더 중요하다.** 누구나 계약서에는 사인할 수 있다.

하지만 몇 년 뒤, 고객이 병원에 누워 있거나 가족이 사고를 당했을 때 그 옆에 설 수 있는 사람은 많지 않다.

나는 그 옆에 있는 사람이 되고 싶었다. 보험금 청구를 도와주고, 보장이 끊기지 않도록 납입 상황을 관리해주고, 필요하다면 말 한마디라도 위로가 되는 사람이.

"설계사님 덕분에 받을 수 있었어요."

"이게 안 됐으면 큰일 날 뻔했어요."

그런 말들이 쌓일수록, 보험이라는 일의 무게가 더 깊어졌다.

가입은 시작일 뿐이다. 진짜는 그 이후부터다. '보장'이라는 단어가 현실이 되는 그 순간,

내 이름이 기억나는 설계사가 되고 싶다.

보험은 계약이 아니라, 그 사람 인생에 끝까지 책임지는 일이다. 그래서 나는 매일 같은 마음으로 고객을 만난다.

"오늘의 계약이, 언젠가 가장 든든한 순간이 되길."

4. 고객 중심 설계, 흔들리지 않는 기준

시책 중심이 아닌 '진짜 보장' 중심

고객에게 설명하는 나의 한 마디 : "보험은 지금보다 그때가 중요합니다"

보험을 판매하는 설계사는 많다. 하지만 보험을 **'고객 중심'으로 설계하는 사람**은 드물다. 나는 그 차이가 설계사의 방향을 완전히 바꾼다고 믿는다.

신입 시절, 회사에서 나오는 시책과 인센티브가 무척 눈에 들어왔다. 이 상품을 많이 팔면 수당이 높고, 저 상품을 추천하면 시상이 있다. 하지만 그런 유혹 앞에서 내가 반복해서 던진 질문이 있다.

> **"이게 정말 이 고객님께 맞는 설계일까?"**
> **"지금이 아니라, 10년 뒤에도 이 상품이 도움이 될까?"**

나는 내 고객에게 잠깐의 보상이 아닌, 오랫동안 '쓸 수 있는 보험'을 드리고 싶었다. 그래서 계약 전엔 항상 고객의 상황부터 천천히 듣는다. 직업, 소득, 가족력, 생활 습관, 보험에 대한 인식까지.

그 후에야 비로소 내가 입을 연다.

"지금 계약을 하셔도, 중요한 건 **그때**입니다."

"보험이 필요해지는 그 순간,

이 설계가 당신을 지켜줘야 한다는 것, 그게 제 기준이에요."

그리고 나는 한 가지 자신 있게 덧붙인다.

"저는 아직 20대입니다."

처음엔 고객들이 놀란 표정을 짓는다. 특히 어머님 고객님들은 "우리 딸보다도 어리네" 하신다.

그럴 때 나는 눈을 반짝이며 이렇게 말한다.

> "그래서 더 오래, 더 멀리 함께 갈 수 있어요. 변화하는 트렌드와 보장 흐름을 누구보다 빠르게 공부하고, 10년, 20년 뒤에도 이 계약을 지켜드릴 수 있어요."

그리고 그 말에 고개를 끄덕이며 계약을 결정하시는 고객을 보면, **나이라는 요소도 '약점'이 아니라 '신뢰'가 될 수 있다는 것을 느낀다.**

보험을 설계한다는 건, 그 사람의 미래를 함께 설계하는 일이다. 일회성이 아닌, 장기전이다.

그러기에 그 출발점이 '고객 중심'이 아니라면, 그 보험은 언젠가 틀어질 수밖에 없다.

나는 매번 설계가 끝날 때마다 마음속으로 다시 다짐한다. **고객이 보험을 쓰는 날, "역시 수빈 씨한테 해서 다행이야"라고 말할 수 있도록.** 그 한 마디를 듣기 위해 오늘도 나는 흔들리지 않는 기준을 붙잡고 있다.

5. 20대 보험설계사로 산다는 것

갈등과 고민의 시간을 지나 선택한 길

또 다른 20대 설계사들에게 보내는 응원. 20대에 보험설계사로 살아간다는 건 늘 질문을 마주하며 걷는 일이다.

> "이 일을 언제까지 할 수 있을까?"
> "정말 내가 잘하고 있는 걸까?"
> "이 길을 선택한 게 맞을까?"

나는 그 질문들 앞에 매번 솔직했다. 갈등도 있었고, 흔들림도 많았다. 주변 친구들은 회사를 다니고, 여행을 다니고, 퇴근 후 취미를 즐기는데 나는 늘 상담, 설계, 피드백, 공부로 하루를 꽉 채워 살았다.

남들보다 빨리 사회생활을 시작했다는 자부심 뒤에는 남들보다 빨리 철이 들어야 했던 현실이 있었다. 그럼에도 이 길을 포기하지 않은 건 이 일이 '사람'을 위한 일이기 때문이었다.

누군가의 삶에 안심을 주고, 누군가의 가족을 지켜주는 설계를 하고, 그 설계 하나로 누군가의 위기가 기회로 바뀌는 것을 보면서 나는 조금씩 이 일을 내 일로 받아들이기 시작했다.

그리고 무엇보다, 또 다른 20대 보험설계사들에게 이 말을 꼭 전하고 싶다.

"당신은 지금, 굉장히 의미 있는 일을 하고 있어요."

누구보다 빠르게 진심을 배운 사람. 누구보다 빨리 신뢰를 쌓는 훈련을 하는 사람. 지금의 선택이 당신을 훨씬 단단하게 만들 거라고 믿어요.

나는 아직도 매일 성장 중이다. 내일이 기대되는 20대 보험설계사로, 더 많은 사람들의 삶에 도움이 되는 사람으로. 보험은 고객의 인생을 지키는 일이자, 나 자신의 인생을 더 깊고 넓게 만들어주는 길이었다.

그래서 오늘도, 내 이름 석 자를 걸고 일한다. 김수빈. 20대, 보험설계사. 그리고 누군가의 삶에 '든든한 사람'.

이메일 : pmsun1224@naver.com
연락처 : 010-5441-0719

● 주요 활동
현) 인카금융서비스 린치핀사업단 팀장
2020-2025 피플라이프 지점장
2013-2017 흥국생명, 에이플러스 분당사업단 팀장
1999-2012 웅진씽크빅 센터장 13년 근무

박미선

약관을 읽지 않으면 보험이 아니다
아픔으로 배운 진짜 보장의 의미

1. 보험에 대한 첫 번째 깨달음 - 가족의 비극

2. 약관을 모르면 보험이 아니다

3. 경쟁에서 협력으로, 새로운 길을 찾다

4. 어머니의 병과 함께 배운 것들

5. 진짜 보장을 설계하는 사람이 되기까지

"교육자에서 보험 전문가로,
약관의 진실을 전하는 설계사"

    웅진씽크빅에서 13년간 센터장으로 근무하며 쌓은 교육 전문성을 바탕으로 보험업계에 뛰어든 후, 가족의 비극을 통해 약관의 중요성을 깨달으며 고객의 권리를 지키는 전문가로 성장했다. 교육업계에서 다양한 소통 능력과 설명력을 활용해 복잡한 보험 약관을 고객이 이해하기 쉽게 전달하며, 보험이 진짜 필요한 순간에 제대로 보장받을 수 있도록 돕는 것을 사명으로 삼고 있다. 흥국생명, 에이플러스, 피플라이프를 거쳐 현재 인카금융서비스에서 활동하며, 지속적으로 팀장과 지점장 역할을 맡아 후배 설계사들에게도 올바른 보험 설계 철학을 전수하고 있다.

약관을 읽지 않으면 보험이 아니다
아픔으로 배운 진짜 보장의 의미

1. 보험에 대한 첫 번째 깨달음 - 가족의 비극

웅진그룹에서 항상 '스타'로 인정받으며 일했던 그 시절, 나는 승진을 위해 남을 밟고 올라서는 경쟁적인 삶을 살았다. 아이까지 팽개치고 주말에도 일할 정도로 열심히 살았다.

그러던 어느 날, 상사의 피곤하고 지친 모습을 보며 문득 생각했다.

'내가 저 모습이 되려고 이렇게까지 일했나?'

그 회의감 속에서 보험업을 권유받았다. 자본 투자 없이 나의 노력과 시간만 투자하면 된다는 생각에 '나를 테스트하는 겸' 시작하게 되었다. 과거 모든 일에서 항상 최고였던 경험을 바탕으로, 보험업에서도 내 능력을 시험해보고 싶었다.

하지만 보험이라는 것을 제대로 알게 된 건, 가족의 비극을 통해서였다.

가족 중 한 분이 평소 즐기던 행글라이더을 타다가 추락하여 장기간 병원에 입원해 있다 세상을 떠났다. 친척분중에 설계사가 있어기에 건강보험을 비롯해 사망보험금까지 충분히 보험은 가입돼 있었는데 문제는 보험사에서 보험금을 한푼도 받지못했다는 것이었다

알고보니 당시 설계사는 우리에게 중요한 사항을 제대로 안내하지도 않았고, 고지해야 하는 사항도 보험사측에 정확하게 고지를 안했던 것이다. 소송까지 진행했지만 결국 패소당하고 말았다. 소송까지 진행했지만 결국 패소했다.

그 순간 깨달았다. 보험은 고객이 가입만 하면 보장을 받는게 아니다. 설계사의 역량에 따라 보장과 보험금의 여부가 결정된다는것을…. 그래서 약관을 제대로 알고 있는 전문적인 설계사인지, 고객이 설계사에게 고지를 다 했지만 설계사가 보험사측에 고지의무를 정확하게 기재 했는지에 대한 윤리적인 문제도 중요하다 그래야만 진짜 보험이 된다는것을 알게 된 것이다.

그분의 죽음 앞에서 다짐했다. 내가 가입시키는 고객만큼은 내가족과 같은 일을 당하지 않겠다고 이런 일이 절대 일어나지 않도록 하겠다고. 가입시 나의 전문성과 고객에게 알려줘야 하는 중요한 사항을 당당하게 전달하는 것. 그것이 내가 보험설계사로서 지켜야 할 첫 번째 원칙이 되었다.

2. 약관을 모르면 보험이 아니다

가족의 사망사건과 사망보험금을 받지 못한 가슴아픈 사건 이후 약관을 파고들기 시작했다.

보험업을 시작하기 전까지만 해도, 나 역시 친척이나 지인의 설계사만 믿고 보험을 가입했고 또한 살아있을때 보장만 받으면 된다는 생각이었다. 죽고 나서 받는 보험금에는 관심이 없었다.

손해보험의 사망보험금은 이것저것 따져 지급 여부가 결정되는 반면, 생명보험의 종신보험은 자살 여부와 관계없이 무조건 지급된다는 점에도 별 의미를 두지 않았다. 오로지 살아있을 때 치료받는 보장에만 집중했었다.

하지만 가족의 경험을 통해 깨달았다. 특히 한 집안의 가장이라면 어떤 사고로 사망하든 제대로 된 종신보험이 필요하다는것을.

더 중요한 것은 약관의 정확한 이해였다. 같은 보험이라도 약관을 제대로 이해하고 가입하는 방식에 따라 보상 여부가 완전히 달라지기 때문이다.

그래서 고객을 만날 때마다 약관을 자세히 설명한다. 특히 고지의무에 관한 부분은 더욱 신중하게 안내한다. 고객이 귀찮아하더라도, 시간이 오래 걸리더라도 반드시 알아야 할 것들은 정확하게 전달한다.

약관을 모르면 보험이 아니다. 그냥 돈만 내는 계약서일 뿐이다. 진짜 보험이 되려면 약관을 알아야 하고, 정확한 고지를 해야 하고, 언제 어떻게 보장받을 수 있는지를 명확히 해야 한다.

3. 경쟁에서 협력으로, 새로운 길을 찾다

웅진그룹에서의 경쟁적인 삶에 회의를 느끼며 시작한 보험업이었지만, 예상보다 일을 잘하게 되었다. 하지만 이번에는 다르게 접근하고 싶었다.

과거처럼 남을 밟고 올라서는 경쟁이 아니라, 고객과 함께 성장하는 협력의 관계를 만들고 싶었다. 특히 가족의 경험 이후로는 더욱 그 생각이 확고해졌다.

보험은 경쟁 상품이 아니다. 누가 더 많이 파느냐의 문제가 아니라, 누가 더 정확하게 고객을 도울 수 있느냐의 문제다.

그래서 고객에게 항상 이렇게 말한다.

"보험은 가입하는 것보다 제대로 가입하는 것이 중요합니다."

개인적인 아픔을 고객에게 그대로 전달하는 것은 부담스러워서 '가족 중한 분'이라는 표현으로 완곡하게 전달해왔다. 하지만 그 이야기를 통해 전하고 싶은 메시지는 명확했다.

보험은 단순한 상품이 아니라 가족을 지키는 약속이라는 것. 그 약속이 제대로 지켜지려면 설계사의 전문적인 지식과 이해 그리고 도덕성이 중요하다는 것.

경쟁에서 벗어나 협력의 관계를 만들어가니 고객들도 나를 더 신뢰했다. 판매를 위한 만남이 아니라 진심으로 도움을 주기 위한 만남이라는 것을 고객들이 느꼈기 때문이다.

4. 어머니의 병과 함께 배운 것들

10여 년 전부터 어머니는 고혈압, 고지혈증, 당뇨를 앓고 계셨다. 갑상선암

수술 이력도 있어 보험 가입이 거의 불가능한 상태였다.

그 당시에는 지금처럼 유병자 상품이 많지 않았다. 현재는 다양한 유병자 상품이 존재하지만, 그때는 정말 선택의 여지가 없었다.

몇 년 뒤 어머니는 뇌졸중 진단을 받으셨다. 그때부터 막대한 병원비와 간병비가 발생했다.

현재 어머니는 요양병원에 계시고, 병원비와 간병비 등 모든 경제적 부담이 자식들의 몫이 되고 있다. 자식이 많더라도 결국 경제적으로 여유로운 자녀 한두 명이 모든 책임을 짊어지게 된다라는 것을.

이 경험을 통해 다시 한 번 깨달았다. 보험의 중요성을, 특히 기본 보장의 중요성을.

> 지금 나는 고객들에게 이렇게 말한다. 보험에 있어 가장 기본인 울타리는 쳐 놓자고, 소잃고 외양간 고치지 말자고.

어머니를 통해 배운 것은 또 있다. 나이가 들수록, 병이 생길수록 보험 가입은 어려워진다는 것. 건강할 때 미리 준비해야 한다는 것.

그리고 무엇보다, 가족 중 누군가가 아프면 온 가족이 함께 아파한다는 것. 경제적 부담뿐만 아니라 정신적, 육체적 부담까지 모든 것을 나눠 져야 한다는 것.

5. 진짜 보장을 설계하는 사람이 되기까지

가족의 비극과 어머니의 병을 통해 보험의 진짜 의미를 알게 되었다.

보험은 상품이 아니라 약속이다. 가족을 지키겠다는 약속. 예상치 못한 위험 앞에서 경제적 부담을 덜어주겠다는 약속.

하지만 그 약속이 제대로 지켜지려면 약관을 정확히 이해해야 하고, 올바른 고지를 해야 하고, 정말 필요한 보장이 무엇인지 알아야 한다.

이제 고객들에게 이렇게 설명한다.

> "기본은 보장이 1순위입니다. 실비보험, 건강보험 같은 기초적인 보장이 울타리 역할을 합니다. 그리고 가장이라면 종신보험 하나 정도는 꼭 필요합니다. 저축성 종신보험이 아니라 사망 보장을 위한 종신보험으로요."

약관의 중요성도 반드시 강조한다. 특히 고지의무에 관한 부분은 아무리 강조해도 지나치지 않는다. 내가 겪은 아픔을 다른 가족들이 겪지 않도록 하는 것, 그것이 내가 보험설계사로서 가져야 할 사명이라고 생각한다.

보험업을 시작할 때는 단순히 나의 능력을 테스트 하고 싶어 도전하게 되었고 또한 자본 없이 시간만 투자하면 되는 일이라고 생각했다.

하지만 이제는 안다. 보험업은 단순한 사업이 아니다. 누군가의 가장 소중한 것들을 지켜주는 일이다.

그 무게감을 느끼며 오늘도 고객을 만난다. 약관을 자세히 설명하고, 정확한 고지의 중요성을 알리고, 진짜 필요한 보장이 무엇인지 함께 고민한다.

가족의 아픔이 헛되지 않도록. 어머니의 병이 의미 있는 교훈이 되도록. 나는 오늘도 진짜 보장을 설계히는 사람이 되기 위해 노력한다.

> 약관을 모르면 보험이 아니다. 하지만 제대로 알고 올바르게 가입하면, 보험은 가족을 지키는 가장 든든한 약속이 된다.

그 약속을 지키는 사람이 되고 싶다. 그것이 아픔을 통해 깨달은 나의 사명이다.

에필로그

그럼에도 우리는, 다시 고객을 향해 걸어갑니다.

이 길에 정답은 없었다.

매뉴얼도, 가이드북도, 성공 공식도 우리를 기다리고 있지 않았다. 그저 매일 새로운 사람을 만나고, 새로운 거절을 받으며, 새로운 방법을 찾아야 하는 날들의 연속이었다.

때로는 확신이 무너지고, 때로는 방향을 잃었다. 하지만 그 모든 시행착오 끝에서 우리가 발견한 것은 결국 '진심'이었다.

각자 다른 시작점에서 출발한 우리였다.

이시은은 은퇴를 앞둔 이들의 불안한 마음을 안정된 미래로 바꿔주는 연금 전문가가 되었다. 단순한 상품 판매가 아닌, 인생 후반부의 설계도를 함께 그려주는 동반자 역할을 자처했다. 조유나는 '개척여신'이라는 독특한 브랜드로 무장해 누구도 시도하지 않던 영역을 개척하며, 후배 설계사들에게는 멘토가 되었다.

최정관은 18년간 쌓아온 다른 분야 경력을 과감히 접고 보험업에 뛰어들어, 늦은 시작이 오히려 장점이 될 수 있음을 몸소 보여주었다. 한지호는 모든 설계사가 기피하던 '보상' 분야에서 오히려 자신만의 영역을 구축하며, 고객의 진짜 권리를 지키는 파수꾼 역할을 해냈다.

류재민은 시골의 평범한 청년에서 최연소 사업단장이 되기까지, 포기를 모르는 열정으로 불가능을 가능으로 만들었다. 이현정빈은 단순한 소일거리로 시작

에필로그

한 일을 20년간 이어오며, 변액보험이라는 전문 영역에서 고객들의 신뢰를 쌓아갔다.

류광선은 심리학과 인문학적 소양을 바탕으로 숫자 너머의 인간을 읽어내는 독창적인 상담 방식을 완성했다. 임지효는 가장 절망적인 순간에도 희망을 잃지 않는 고객들의 모습에서 진정한 보험의 가치를 발견했다.

이경희는 육아로 인한 경력 단절의 아픔을 딛고 일어나 같은 처지의 고객들에게 깊은 공감과 위로를 전하는 상담자가 되었다. 김수빈은 20대라는 어린 나이를 핸디캡이 아닌 장점으로 만들어, 젊은 세대와의 소통에서 남다른 강점을 보였다. 박미선은 가족의 아픈 경험을 통해 약관 한 줄 한 줄의 소중함을 깨달으며, 진짜 보장을 설계하는 전문가로 거듭났다.

서로 다른 출발선에서 시작했지만, 우리가 향하는 목적지는 하나였다.

수많은 만남과 이별을 거치며 우리는 깨달았다. 고객이 원하는 것은 완벽한 상품이 아니라 완전한 신뢰였다는 것을. 그들이 찾는 것은 최고의 수익률이 아니라 최선의 조언자였다는 것을.

연금 상담에서 만난 중년의 부부가 "이제 걱정 없이 잠들 수 있겠다"며 보여준 안도의 표정. 개척영업으로 찾아간 소상공인이 "이런 보장이 있는 줄 몰랐다"며 건넨 진심어린 감사. 복잡한 보상 절차를 도와준 후 "당신이 천사같다"며 울먹이던 고객의 목소리.

변액보험의 장점을 차근차근 설명해준 후 "이제야 이해됐다"며 고개를 끄덕이

에필로그

던 고객의 모습. 심리 상담을 통해 자신의 재정 패턴을 파악하고 "내가 왜 그랬는지 알겠다"며 변화를 다짐하던 순간들.

20대 설계사의 열정에 감동받아 "네가 있어서 든든하다"며 가족 같은 관심을 보여준 고객들. 경력 단절 후 새 출발한 설계사의 이야기에 "나도 다시 시작할 용기가 생겼다"며 공감해준 동년배 고객들.

이 모든 순간들이 우리를 지금의 자리에 있게 한 원동력이었다.

돌이켜보니 우리의 성장은 고객들과 함께였다.

그들의 질문이 우리를 더 깊이 공부하게 했고, 그들의 걱정이 우리를 더 세심하게 준비하게 했다. 그들의 신뢰가 우리를 더 책임감 있게 만들었고, 그들의 감사가 우리를 더 겸손하게 했다.

실패와 좌절도 있었다. 설득하지 못한 고객, 놓쳐버린 기회, 아쉬웠던 상담들. 그러나 그 모든 경험이 우리를 지금보다 나은 설계사로 만들었다.

우리는 이제 안다. 완벽한 설계사는 없지만, 진심만큼은 거짓말하지 않는다는 것을.

내일도 우리는 고객을 만날 것이다.

새로운 걱정을 안고 찾아올 사람들, 막연한 불안을 구체적인 계획으로 바꾸고 싶어 하는 사람들, 가족의 미래를 든든하게 지키고 싶어 하는 사람들을 만날 것이다.

에필로그

　그들 앞에서 우리는 여전히 긴장할 것이고, 때로는 완벽하지 못한 답을 할 수도 있을 것이다. 하지만 한 가지는 확실하다. 우리는 그들을 위해 최선을 다할 것이라는 점이다.

　이 책의 마지막 장을 덮는 당신에게 전하고 싶다. 우리의 이야기가 단순한 성공담이 아니라, 한 사람 한 사람과의 진실한 만남에 관한 기록이었기를 바란다. 그리고 혹시 당신도 누군가의 든든한 버팀목이 되고 싶다면, 우리의 경험이 작은 나침반이 되어주기를 소망한다.

　각자의 자리에서, 각자의 방식으로, 묵묵히 걸어온 열한 명의 인생설계사들에게 깊은 존경과 뜨거운 박수를 보낸다.

　당신들이 있어 이 세상이 조금 더 안전해졌고, 당신들이 있어 누군가의 내일이 조금 더 든든해졌다.

　그리고 이 이야기를 통해 용기를 얻을 모든 이들에게도 같은 마음을 전한다. 당신도 누군가에게는 꼭 필요한 사람이라는 것을, 당신의 진심도 반드시 누군가의 삶에 닿는다는 것을 기억해주기를 바란다.

　오늘도 고객을 향해 걸어가는 모든 설계사들에게, 진심어린 응원을 보내며.

가산디지털단지에서 윤서아편집장 올림

❁ 소중한 서평을 기다려요!
이 책이 여러분의 마음에 작은 울림이라도 남겼다면,
그 소중한 감상을 나눠주세요.
좋았던 점도, 조금 더 바라는 점도 모두 소중한
이야기들이랍니다.
매월 최대 5분을 선정하여 재노북스 도서 중
원하시는 책 1권을 선물로 보내드립니다!

❁ 서평 이벤트 참여 방법
① 재노북스 책을 읽고 여러분의 진솔한 이야기를 블로그나 SNS,
   온라인 서점에 올려주세요.
② SNS에 올리신 서평링크를 재노북스 톡채널로 보내주세요.

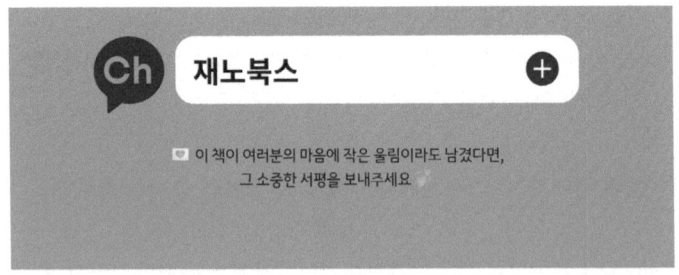

카카오톡 채널 추가하는 방법
카톡 상단 검색창 클릭 → QR코드 스캔 → 채널 추가

kakao**talk**